LIFE ENGAGEMENT

楽しくない仕事は、なぜ楽しくないのか？

エンゲージメントで“働く”を科学する

土屋裕介
株式会社マイナビ
教育研修事業部開発部 部長
HR Trend Lab 所長

小屋一雄
一般社団法人
日本エンゲージメント協会
代表理事

プレジデント社

楽しくない仕事は、なぜ楽しくないのか？

エンゲージメントで〝働く〟を科学する

はじめに

土屋裕介

株式会社マイナビ　教育研修事業部開発部 部長
HR Trend Lab 所長

やらされていた仕事、家庭がしっくりいかない

今、どの企業でも「働き方改革」が話題になっています。長時間労働をなくす取り組みも盛んですし、多様な働き方を実現するために場所や時間を限定しないリモートワーク（モバイルワークやテレワーク）が広がっています。

なるほど、長時間労働の削減や、いつでもどこでも働けるスタイルが一般的になればずいぶんと働く環境は良くなりそうです。

でも……と思います。それで仕事が「楽しくなる」のかという疑問が浮かぶのです。本書では、働く環境の先にある仕事の「楽しみ」「味わい」を考えてみたいと思います。少しだけ種明かしをすると、仕事の楽しみや味わいをもたらすキーワードが「エンゲージメント」です。

「エンゲージメント」という言葉からエンゲージリング＝婚約指輪を思い浮かべる人は多いでしょう。マーケティングに詳しい人であれば、商品・ブランドと消費者との関係を表す用語として理解しているかもしれません。どちらも正解ですが、本書における「エンゲージメント」は人事や働き方の文脈で使われる単語を指します。

エンゲージメントについては後ほど詳しく説明しますが、ここでは米ボストン大学のウィリアム・カーン教授の「エンゲージメントすると、人は肉体的、認知的、感情的に専心するとともに、役割の中で自己表現する」という言葉を引いておきましょう。

いかがでしょうか。「エンゲージメント」についてイメージできたでしょうか。それでは、ここで私自身が「エンゲージメント」を感じた個人的体験を紹介します。

みなさんは毎日、どんな気持ちで玄関を出て会社に向かうでしょうか。

「今日一日、どんな楽しいことがあるだろうか」「今日はクライアントの○○さんと会える。楽しみだな」。そんなふうにポジティブな気持ちで会社に向かう人もいるでしょう。

逆に、「ああ、またつまらない仕事か」「クライアントの○○さんからクレームが入ったら嫌だな」などと鬱々とした気分で出かける人もいると思います。

私の場合、今は一日の仕事に期待しながら会社に向かうことができるようになりました。

「今日はこんなことを試してみよう」「ミーティングではどんな話になるか楽しみだ」。通勤途中も、ちょっとうきうきした気分になります。

今の仕事にやりがいが持てて、自分の力を試せている実感があるのです。

ですが、ほんの少し前までは「会社に行くのは嫌だな」と感じていました。「あの仕事をやらなければならないのか」「この仕事、少し遅れ気味だからリソースを割いて進めなければな」。そんな具合で、仕事に対する義務感から強いプレッシャーが重くのしかかり、気分が晴れませんでした。

私が以前、仕事がつまらないと思っていた理由を突き詰めてみたら、二つの原因に行き当たりました。

一つは、仕事に対する「やらされ感」です。自分の興味・関心とは関係なく、上司から振られた仕事をひたすらこなしていた。それでは仕事に気持ちが入らないし、単に納期と品質を守って進めるだけの〝作業〟になってしまいます。

もう一つの原因はワーク・ライフバランスが取れていなかったことです。

私には3人の子供がいます。まだ小さくて、夫婦二人で懸命に子育てをしている最中です。自分なりには育児参加していたつもりですが、仕事中心の生活は子供が生まれる前と変わらず、どうしても妻のほうにより子育ての比重がかかっていました。私が仕事で遅くなると、やはりいい顔はしません。自分は、家族のために頑張っていると思っているから、妻から渋い顔をされるとそれがストレスになっていました。

回り始めた歯車

仕事が面白くなり始めたのは、自分から今の仕事を上司に提案し、実現したことがきっかけになりました。自分の気持ちが込もった仕事ですから、やりがいを感じます。

もちろん今も仕事のプレッシャーはあります。ただ、それはかつてとは違い、乗り越えられれば自分が一つ成長できる感覚が持てる性質のものです。困難な状況を突破できれば新しい局面が開けますから、それがまた楽しくなります。ちょうどゲームで一つの場面をクリアしたら、もう少し難しい場面が現れるように、難しさに楽しみが伴うのです。

自分発信で仕事をやるスタイルに変えると、今までさび付いていた歯車が磨かれ油を差されて回り始めた感覚がありました。

でも、それで十分ではありませんでした。ワーク・ライフ・バランスの問題が解決されていません。せっかく仕事の歯車が回り始めたのに、仕事に接する家庭の歯車が重くきしんで回らないのです。「何とかならないだろうか」と悩みに悩んで、会社に一つのお願いをしました。

出社を45分遅らせてもらえないだろうか。

それが会社へ出した希望でした。

幸い、私の希望は受け入れられ、それまで9時15分だった出社時刻が10時に変わりました。たった45分と思うかもしれません。その、ほんの45分で家庭状況が驚くほど変わったのです。

どう変わったかというと、朝、子供と少し遊んでから保育園に送っていけるようになりました。そうなると妻にも余裕が生まれ、表情がにこやかになります。夫婦が笑顔になると子供も笑顔になります。子供がうれしそうに「パパ」と言って抱きついてくるようになりました。以前にはなかったことです。きっと朝があわただしくて、私も仏頂面だったのでしょう。

仕事の歯車と家庭の歯車がカッチリ合わさって、自分の生活や人生の歯車が大きく回り始めた感覚がありました。

そうなって初めて、「これがエンゲージメントか！」と腹落ちしました。

アメリカのエンゲージメント事情

私の以前の状態と今の状態の違いを言い表わす言葉として、エンゲージメントほどふさわしい言葉はないと思います。私の場合も、仕事と家庭の両方でエンゲージメントが高まったことで、ポジティブな気持ちで仕事や育児に取り組め、自分らしさを感じられたから、歯車が回り始めたという感覚になったのでしょう。

エンゲージメントという概念はアメリカから来ました。企業の人事関係の人なら知っているかもしれません。それでも日本社会全体には十分に広がっていません。

それに対してアメリカでは、かなり広がっていると感じる機会がありました。最近、毎年開かれているＡＴＤ（Association for Talent Development）のイベントに参加したときのことでした。ＡＴＤはアメリカにある企業や組織のパフォーマンス向上を目的としたアメリカの有名な組織で、毎年アメリカの各都市で大きなイベントを開いています。このイベントには毎回、人事に携わる人が世界中から参加し、その数は1万人を軽く超えます。私もそこに参加し非常に興味深い光景を目にしました。

今、日本ではどの企業でも顧客満足度を上げるのは当たり前のことです。そのための施策は日々、企業のミーティングで議論されていることでしょう。それと似たように当たり前の感覚で、アメリカでは組織の活性化のために従業員のエンゲージメントを高めることが重要だと話し合われているのです。

従業員のエンゲージメントが高まると、仕事のパフォーマンスが上がり、企業の組織風土や業績に対して良い効果が期待されます。アメリカ企業はそのメカニズムをしっかりと認識していて、どうやったら従業員のエンゲージメントが上がるのかに着目し、手段を講じているのです。

「つまらない」仕事を「楽しい」仕事へ転換する

以前の私と同じように、今「仕事がつまらない」と感じている人もいると思います。そのような方たちに、その原因はどこにあるのかを提示し、どうしたら楽しく仕事ができるのかを提案していくのが本書の重要な役割です。つまらない仕事を楽しい仕事に変える、その転換点に大きくかかわるのがエンゲージメントです。

このキーワードで、あなたの仕事や人生を捉え直すことによって、今までとは違った意味を帯びてきます。私が同じ仕事であっても自分から望んで取り組んでいる状態と、上司からやらされていると感じている状態では、まったく情熱の度合いが違ったように、あなたの仕事へのやる気ややりがいが変わると思うのです。魔法のワードとまでは言いませんが、エンゲージメントを軸に仕事や人生を楽しく充実したものに変えることが可能です。それは私が実体験したことでもあります。

本書を共著とした狙い

本書は人事について共に携わり、尊敬する先輩でもある小屋一雄さんと私の共著です。小屋さんは米国のギャラップという会社でコンサルタントとして、また事業会社のマネジャーとして組織のエンゲージメントの向上に長年携わってきました。ギャラップは世界でもエンゲージメント向上に関する最先端のノウハウを有する屈指のコンサルタント企業です。現在、小屋さんはグローバル企業を中心に、個を活かしたリーダーシップ開発や組織づくりを行うとともに、一般社団法人日本エンゲージメント協会の代表理事としてエンゲージメント向上のためにも尽力しています。

私は、マイナビで研修サービスのコンテンツ開発責任者として10年以上、人事領域に携わる中で、エンゲージメントの有効性を感じています。そしてエンゲージメントを研究する中で小屋さんと出会い、エンゲージメント協会の副代表理事に就任し、日本企業のエンゲージメント状態を把握するための「マイナビ・エンゲージメントリサーチ」を開発して、サービスを提供しています。

エンゲージメントについて国内外での知見を豊富に持つ小屋さんと日本企業のエンゲージメント向上の事例を多く知る私が知恵を出し合えば、非常にユニークで、役立つ書籍になるのではないかと考え、共著という形を選択したのです。みなさんにとって、この本が「つまらない」仕事を「楽しい」仕事に変える一つのきっかけになることを願いながら、本書を書き進めました。仕事が面白くない、と悩んでいる人が、本書を読んで職場に行った後に、仕事が面白いと少しでも感じるようになってくれるのであれば、こんなに嬉しいことはありません。

それでは、第1章の「楽しくない仕事は、なぜ楽しくないのか?」に入っていくこととしましょう。

Contents

第1章

楽しくない仕事は、なぜ楽しくないのか?

仕事の楽しさを左右する「エンゲージメント」

第2章

「意味」と「強み」を知ると仕事が輝く

自分を知ればエンゲージできる

第3章

「成長」を意識すると仕事は楽しくなる

成長マインドとエンゲージメント

第4章

仕事は一人では出来ない

人間関係がエンゲージメントを築く

第5章 「対話」しない職場は滅びる

エンゲージメントを引き出す対話とサーベイ

第1章

楽しくない仕事は、なぜ楽しくないのか？

仕事の楽しさを左右する「エンゲージメント」

1

仕事が楽しい人、楽しくない人

気が重い仕事、孤立する人間関係

仕事に対する向き合い方は人それぞれです。仕事を人生の大きな目標として捉え毎日必死に打ち込んでいる人もいれば、あくまでお金を稼ぐ手段として割り切って働いている人もいます。これは個人の選択であり、どちらが正解ということはありません。

ただ、いずれにせよ、仕事が楽しくない人はずいぶんと人生を損していると思います。

1日の3分の1の時間は仕事をしているのだから、仕事が楽しくないと人生が楽しいはずがないというのは、よく言われる話です。それどころか、考えてみれば24時間のうちの約3分の1は寝ているわけですから、仕事の時間が人生に及ぼす影響は半分を占めると言ってもよさそうです。

仕事に楽しく取り組めば人生そのものも楽しくなる。そうとわかっていても、やはり楽しそうに仕事をしている人と、そうでない人は存在します。

何が原因で分かれてしまうのでしょうか。ケーススタディでその原因を探ってみましょう。ここで見てもらうのは、現在、菓子メーカーの同じマーケティングの部署で働くどちらも入社5年目のAさんとBさんです。

Aさんは日曜日の夜、テレビでお気に入りのバラエティ番組が終わると、一つ大きなため息をつきました。また明日から仕事が始まると思うと気分がふさいでくるのです。土曜、日曜と自宅で好きなテレビ番組を見たり、ゲームをしたりして、のんびりしたはずなのに、先週の仕事の疲れがまだ残っているような気がします。

翌朝、いつもの通り、自宅の最寄り駅を7時50分に発車する電車に乗り、始業時間の9時には5分だけ早く出社しました。

自分の席に着くなり、課長から「頼んでおいた報告書だけど、できてるか？」と声をかけられました。先週、課長から指示された、新商品発売後1カ月間の売れ行き調査の報告書です。

「ああ、すみません。最後のところがまだまとまってなくて。昼までには仕上げますから」

「夕方の課のミーティングで使いたいから頼むよ」

Aさんは上司から頼まれた仕事はきちんとこなすタイプです。その意味では課長の信頼は厚く、業務に対しては良い評価を得ています。ただ、もう少しチームワークよく仕事ができるといいとは言われているのですが……。

この仕事に関しては、Aさん本人はあまり気乗りがしませんでした。上司から言われた仕事だし、評価が悪くなるといけませんから、きちんと対応しますが、その仕事が本当にやりたいかと言われると返答に困ります。

Aさんはその日の午前中、周りをシャットアウトして、自分の仕事に集中しました。Aさんの仕事ぶりはいつもこんな感じですから、同僚も邪魔をしてはいけないと気を遣っているのか、Aさんにあまり話しかけません。Aさんは自分の仕事を抱えて孤立しているように見えます。

夕方のミーティングではAさんが作成した報告書が使われました。

そのミーティングでAさんが愕然とすることがありました。

Aさんの報告書が読み上げられた後、同期のBさんが「この報告書から新商品の改善箇所が3つあると感じました」と指摘したのです。Bさんの指摘に課長や同僚は感心した様子でした。そしてBさんは話の最後に、「改善策を私にまとめさせてもらえませんか」と願い出たのです。

Aさんは報告書を作成するだけで十分と考え、改善提案まで思いつきませんでした。振られた仕事ですから言われたことをこなす以上にやりたいとは思っていなかったのです。

その一瞬、Bさんにすごく差をつけられてしまったのではないかと感じたのです。と同時に、Bさんがいつも職場で楽しそうに仕事をしている姿が浮かんできました。

仕事も人間関係もうまく回る

AさんとBさんは同じ年に新人として入社した同期です。新入社員研修を終えた後、Aさんは東京本社のマーケティング部門に配属され、Bさんは大阪支店の営業部門に配属されました。つい最近、BさんはAさんのいる部署に異動してきたのです。

Bさんにとって研修後の配属は決して自分の意に沿うものではありませんでした。しかし上司の営業所長から最初に「マーケティングの仕事をやりたかったのは知っているよ。営業は顧客とじかに接して顧客のニーズを感じ取ることのできる仕事だから、キャリアを広げるには重要な仕事だと思うんだ」と言われ、営業の仕事を突き詰めてみようと思いました。

Bさんが心がけたのは、単に売り込むのではなく、顧客のニーズに耳を傾け、自社商品が本当に相手のニーズに合っているかを確認することでした。常に顧客のために自分ができることはないか、どうしたらよくなるかを考えました。その結果、顧客と良好な人間関係を築くことができました。また自らの営業担当者としての成長を意識して、常に業界の動向に気を配るなど、知識の習得とスキルを磨くことにも余念がありませんでした。そして、定期的に本社のマーケティング部から出る報告書にも必ず目を通し、現場の感覚と照らし合わせてきました。

そのうちBさんは自社商品に対して改善したほうがよいと思う点を営業所長に提案するようになりました。提案のいくつかは営業所長を通して本社にも伝わっていたようです。後で営業所長から「Bさんのこの提案、本社が考えてくれるようだよ」と言われると、Bさんはすごく仕事のやりがいを感じ、この仕事は面白いと思うようになっていました。

半年前に、営業所長から本社のマーケティング部門への異動を告げられたときは、営業の仕事が楽しくなっていたので素直に喜べず、もっと営業現場でキャリアを積みたいからいったんは断ろうと考えたくらいです。営業所長が「ここでの経験を本社に行って存分に活かしてほしい」と背中を押してくれました。大阪支店の同僚たちも異動を惜しみつつ、本社での活躍を期待してくれました。

本社に移ってからもBさんの能動的な仕事のやり方は変わりませんでした。新商品が発売されるとその売れ行きデータを見るとともに、かつての大阪支店に電話を入れて現場での評価はどうか確認し、時には営業時代に懇意になった顧客に直接評価を聞いてみることもありました。だから今回のAさんの報告書が読み上げられた後すぐに改善点をあげられたのです。

Bさんはわからないことがあると、同僚によく聞いて回っています。人間関係に壁をつくらず、周りも気軽に話しかけるし、Bさんから「手伝ってほしい」と言われると、みんな快くサポートしてくれます。もちろんBさんが同僚から頼みごとをされる場面も多く、自分の担当の仕事と変わりなく、情熱を傾けて手伝っています。おかげで職場の人間関係が円滑になるまでにそれほどの時間を要しませんでした。

Bさんは今、仕事に加えて、夜のプライベートの時間や週末の過ごし方にも充実感を覚えています。平日の夜には異業種交流会に顔を出し、時間と体力に余裕のある土曜日や日曜日には街づくりのボランティアに参加しています。

異業種交流会は、先輩に「もう少し自分の仕事の幅を広げたい」と話したときに「社外の人と付き合うとまた違った視点が養われるから」と誘われて出かけました。先輩に言われた通り、他の会社の人の発想や考え方は刺激的で面白いと感じました。その中には、今後、自分の仕事の中で活かしてみたいと思うようなアイデアもありました。

ボランティアはその異業種交流会で知り合った人からの誘いで、参加するようになりました。そこでは職場にはいないタイプの人に出会え、刺激を受けることが多いといいます。また、ボランティアでは自分の意見や行動が少しでも街の活性化につながっていくのが実感できて面白いそうです。

2 仕事が楽しくなるキーワード

多様な意味を持つエンゲージメント

仕事に面白みを感じられないAさんと、イキイキと仕事に没頭し、職場関係も良好なBさんのケースを見てもらいました。同期入社の二人が任されている仕事はさほど変わりがないように見えます。しかし仕事に取り組む状態はまるで違います。

いったい、何が原因なのでしょうか。

AさんとBさんを分けるのがエンゲージメントの状態の違いです。

ここでエンゲージメントの意味について少し解説しておきたいと思います。
日本人にとってエンゲージメントの「エンゲージ」という言葉は聞きなれていないかもしれません。おそらく真っ先に思い浮かぶのは本書の冒頭で紹介したエンゲージリングでしょう。婚約指輪を指す言葉としては知っているものの、それ以上ではないはずです。特にその言葉が「エンゲージ」と、「リング」と切り離された場合、よくわからないというのが本当のところでしょう。

しかし欧米ではごく一般的な言葉です。婚約の意味を表すほか戦闘に「従事する」、「参戦する」という意味もあります。

また、エンゲージメントをフランス語で表記すれば「アンガージュマン」です。フランスの有名な哲学者、ジャン＝ポール・サルトルが社会を変えるために重要だとした「社会参加」「政治参加」を示す言葉です。そのほかにも欧米では、エンゲージメントは様々な使われ方をするのです。

そして、本書で特に強調したいエンゲージメントの意味合いは「歯車がかみ合う」という解釈です。仕事が調子よく進む。職場の人間関係がうまくいっている。そんな状態を言い表すとき、私たちは、よく「歯車がかみ合っている」または「しっくりいっている」といった言葉を使います。

ケーススタディの中のBさんがまさにその状態でした。Bさんは楽しそうに仕事をし、積極的に提案することで、さらに自分らしくイキイキと働いていました。職場の同僚や上司とのコミュニケーションもよく、仲間としっくりといっているように見えます。

それに対してAさんは仕事も職場の人間関係もしっくりいっている、歯車がかみ合っている状態ではありませんでした。だから、仕事が今一つ、面白くないし、上司からはもう少しチームワークよく働いてほしいと思われていたのです。

このように、歯車がかみ合っているか、しっくりいっていると感じるかで、エンゲージメントの状態がわかるのです。

3 「エンゲージメント」とは何か

私生活の充実にも影響を与える

エンゲージメントが高い状態であれば、つまり自分の仕事に対して熱意を持って没頭することができれば、活力も湧き、少々の障壁も乗り越えて業務を進め、その結果、仕事がうまくいきます。さらに自分の仕事に自信が出てきて、もっと頑張ろうという気持ちが芽生え、そのポジティブな気持ちが人を成長させます。このようにエンゲージメントは仕事に対してポジティブなエネルギーと言えます。

よい効果がもたらされるのは、何も仕事ばかりではありません。AさんとBさんのケースを思い出してください。Aさんの場合は、仕事に情熱が湧かないことが休日などプライベートの充実を阻んでいるように見えます。逆にBさんのケースでは、仕事がうまく回り、それがプライベートによい影響を与えているようでした。特に積極的な仕事ぶりが職場に認められ、またBさんのオープンな人付き合いが職場の人間関係をよくし、そのおかげで異業種交流会やボランティアなど、職場とは別に、プライベートでも自分が活躍し成長できる場が広がったのです。エンゲージメントは私生活の充実にも関係しているのです。逆に、家庭にゴタゴタがあると、仕事にも悪影響を与えるものです。これは多くの人が感じていることではないでしょうか。

「最近、仕事が面白く感じられない」と嘆く人の話を聞いていると、パートナーと喧嘩をした、子供が言うことを聞かないなど、家庭に何かしらの問題があるケースも少なくありません。人生の充実は仕事だけで成り立つものではありません。家族とのよい関係もまた生活の質を大きく左右します。さらに友人関係や近所との付き合いもまた生活の充実度に関与してきます。そして私生活が充実すれば、それが活力となり仕事にもよい影響を与えるのです。

こう見てくるとエンゲージメントは仕事や会社の枠だけでは捉えられないのではないかと思えてきます。たとえば先ほどサルトルのアンガージュマンの話をしたように、社会参加や政治参加もエンゲージメントに関係があるのです。

ワーク・エンゲージメントと従業員エンゲージメント

ここまでお話ししてきた仕事上のエンゲージメントを、もう少し正確に言うならば、「従業員エンゲージメント」あるいは「ワーク・エンゲージメント」と表現することができます。

従業員エンゲージメントは主に産業界で議論されてきた考え方で、定義は様々あります。たとえば「従業員が組織に貢献する意図を持って、業務に打ち込んでいる状態」（マイナビ研修サービス）などの定義が存在しています。それに対して、ワーク・エンゲージメントは、

従業員エンゲージメントとワーク・エンゲージメント

従業員エンゲージメント	ワーク・エンゲージメント
●会社から見た視点 ●従業員が組織に貢献する意図を持って業務に打ち込んでいる状態 ●主に欧米の産業界で使用 ●1993年、アメリカの心理学者フランク・L・シュミット博士らが初めて使用	●個人から見た視点 ●仕事の「活力」「熱意」「没頭」度合いが高い状態 ●主に欧米の学術界で使用 ●1990年、組織行動論研究者のウィリアム・カーンが概念化 ●2004年、オランダ・ユトレヒト大学のウィルマー・B・シャウフェリ教授が提唱

仕事に対してポジティブで充実した心理状態を表します。本書ではエンゲージメントの研究を説明することが目的ではないので詳細の説明や明確な区分は省き、企業経営の文脈では従業員エンゲージメント、一般的な仕事の文脈ではワーク・エンゲージメント、と呼ぶことにします。

いずれにせよ、エンゲージメントとは、個人が活力、熱意、没頭の3つの心理面が高い状態で仕事に取り組んでいて、その結果として組織や会社への貢献度合いが高くなる、という意味で、お考えいただければと思います。

成長を伴うセルフ・エンゲージメント

日本で人事関係の仕事をしている人の間で言い交わされるエンゲージメントも、主に従業員エンゲージメントのことを指しています。しかし私たちはエンゲージメントを理解するためには、より広い範囲でエンゲージメントを捉え直す必要があるのではないか、と長らく感じてきました。

エンゲージメントはより多くの可能性を持っている、と私たちは考えています。エンゲージメントについて、もう少し枠を広げたり、見方を変えたりして定義してみましょう。たとえば「セルフ・エンゲージメント」という捉え方ができると思っています。

セルフ・エンゲージメントは、自分自身の人としての成長からエンゲージメントにアプローチする考え方です。エンゲージメントで大事なのは、自分の良さや強みを理解できていて、それを職場や社会に対して活かせ、貢献できているという実感が持てることです。自分が仕事で成長すれば、それだけ貢献の度合いも大きくなります。そのためセルフ・エンゲージメントには、おのずと成長の要素が関わってくるのです。

なぜ成長の要素が関わるのかを説明しましょう。たとえば、自分の仕事が社会に貢献できるようになるまでを考えてみます。

新入社員として仕事をスタートすると、まず社会人のマナーも含め、周りから仕事を手取り足取り教えてもらいます。職場に貢献するとしても、活躍できる場面は限定的でしょう。

活躍の場が限定的だった新入社員も、やがて自分が担当する仕事は一通りこなせるようになります。まだ微力とはいえ、多少は職場の一員として役に立つ存在になり始めます。3～5年もたてばチームリーダーとしてチームメンバーを率いてプロジェクトに責任を持っている場合もあるでしょう。スタッフ時代に比べ、職場における自分の貢献度はかなり高くなります。

さらに仕事のスキルが上がり、仕事を通して、自分の強み、弱みについての認識が高まり、マネジメントの力もつけば、社内ではもっと大きなプロジェクトを率いることができるでしょうし、他社との共同プロジェクトにも参画するかもしれません。そうなれば、自分の力が職場や会社を超えて発揮されるようになります。

このくらいのキャリアになると、自分の影響力が事業の範囲に収まらず、地域社会へ貢献していけるようにもなります。自分が成長することによって職場や社会に貢献することが可能となり、貢献することによって喜びを実感できるわけです。

このようにエンゲージメントを成長の観点から見たのがセルフ・エンゲージメントです。自分の仕事からチームのプロジェクト、さらには他社との共同プロジェクト、社会貢献など、自分の活躍するフィールドが広がるにつれ、人としての成長が促されます。成長するごとに大きな舞台で自分の強みを実感でき、貢献できる喜びも大きくなります。

社会性や他者との関係にフォーカスしたソーシャル・エンゲージメント

さらに角度を変えてエンゲージメントを考えてみましょう。これまでの例で、セルフ・エンゲージメントによって自分の成長とともに、新しい人たちとの関係が築かれていくのがわかったでしょう。

スタッフからチームのリーダーになれば、チームメンバーとの関係性も深くなりますし、場合によっては他部署のチームリーダーとの連携も必要になってきます。もちろん直属の上司とのコミュニケーションもより重要になります。部長、役員ともなればビジネスにおいて社内だけでなく社外のキーマンたちと折衝したり連携したりといった関係になっていきます。

自分の可能性を追求することによって、社会やコミュニティとの結びつきがいい方向に向いていく。成長には社会性・人間関係の拡大が自然と伴うのです。私たちは、このように社会やコミュニティとのよい関係を築く際にも、エンゲージメントは効果的な役割を果たしていると考えています。こうした社会や人間関係との結びつきにフォーカスしたエンゲージメントは、「ソーシャル・エンゲージメント」と言えるのではないでしょうか。一つ、実際の例を紹介しましょう。

たとえばヤフー株式会社は東日本大震災が起きた後、津波で大きな被害を受けた漁業などの経済振興を目的に東北(宮城県石巻市)に拠点をつくり、震災の影響を受けた産業をインターネットの力で応援しました。具体的には、その地域の物産を買えるインターネット百貨店「復興デパートメント(現在は「エールマーケット」)」を開設したり、チャリティーオークションを開いたりと、自分たちの会社や事業の持ち味を社会貢献の中で活かしています。

この事業に関わった社員は大きなやりがいを味わうとともに、社内とは違った経験を積み、人間的にも一皮むけたといいます。

地球環境問題や貧困問題でも同じことが言えそうです。たとえば鉱山開発でコストが安いからと有害物質を適切に処理しなければ、水源を汚し、人の飲み水が汚染されることが

セルフ・エンゲージメントとソーシャル・エンゲージメント

セルフ・エンゲージメント	ソーシャル・エンゲージメント
●人としての成長に焦点を当てたエンゲージメント ●職場や社会での自分の強みを理解して成長することで、それを活用し、組織や社会に貢献できる ●個人から職場、職場から社会へと活躍するフィールドが広がるにつれ、経験と成長の好循環が生まれる	●社会や人間関係との結びつきに焦点を当てたエンゲージメント ●自分だけでなく、家族、会社の同僚や取引先、社会など周囲の人も幸福である状態を重視 ●環境問題、貧困問題、SDGsなど地球規模の問題に関心を持つことも重要

あります。また、自分（自社）だけが儲ければいいという考え方の先で貧困問題が深刻化すれば、社会が不安定になります。これらのことは実際に世界中で社会問題化していることです。環境汚染や貧困問題は必ず自分や自分が属する社会に牙をむきます。

いま世界各国で盛んに唱えられている「SDGs（持続可能な開発目標）」も同じ考え方です。SDGsは2015年の国連サミットで採択された2030年までの国際的な目標で、持続可能な世界を実現するための17のゴール・169のターゲットから構成されており、地球上の誰一人として取り残さないことを誓っています。世界各国の政府のみならず、グローバル企業や大企業がこぞって、この目標を達成するためのプランを発表しています。

ＳＤＧｓはお題目だけのキレイごとではありません。自分たちの利益だけを考えて行動していると、それが自分たちの首をしめる結果になることに、世界中の経済活動主体が、気づき始めているのです。皆が幸福でないと自分も幸福になれない、という考え方が、理想論ではなく現実的で切実になってきているのです。

私たちがエンゲージメントの大切な要素に、ソーシャル・エンゲージメントがあると考えているのは、やはり自分も周りも幸福であってこそ、エンゲージメントが意味を成すからです。ソーシャル・エンゲージメントの根本には、自分と家族、自分と職場の仲間、自分と仕事の取引先など、自分の周りに存在する人や、自分を取り巻く社会も含めて幸福を実現しようという考え方があります。

モチベーション、ロイヤルティ（忠誠心）、コミットメントとの違い

次に、エンゲージメントをより正確に知っていただくために、エンゲージメントと似た概念と比較してみましょう。エンゲージメントの概念と似ていると思われるのが「モチベーション」や「ロイヤルティ（忠誠心）」「コミットメント」などです。これらの概念と

はどう違うかを簡単に説明しましょう。

モチベーションはその人の仕事に対する力の入れ具合を示す言葉として使われます。たとえば上司が部下の仕事ぶりを見ていて「あいつ、最近仕事頑張ってるな。チームリーダーになってモチベーションが上がったのかな」と言ったりします。モチベーションはとりわけ1990年代に注目されました。

この例にもあるように、通常は、給料を上げたり地位を与えたりすることで引き出されることが多いものです。また、給料や地位などの目に見える〝報賞〟でなくても、上司から褒められるとモチベーションが上がることもあります。双方合わせて外からの刺激や報酬で上がるタイプのモチベーションを外発的モチベーションと言います。

モチベーションにはもう1タイプあります。何かに「のめり込む」「ハマる」という言い方をするように、「楽しいから」「好きだから」我を忘れて没頭する類で、内発的モチベーションと言います。

モチベーションの危険性は、「おれは社長になる」「収入をどんどん上げる」「そのためにはどんなことでもする」と自分勝手な理由であってもモチベーションを高めるところにあります。これは周りの人を蹴落としてでも成し遂げようとすることを肯定してしまいま

エンゲージメントとモチベーション、ロイヤルティ、コミットメント

	モチベーション	ロイヤルティ	コミットメント
特徴	●仕事への力の入れ具合 ●ハマる、没頭する→内発的モチベーション ●給料や地位が上がる、上司から褒められる、などで上昇する→外発的モチベーション ●とにかく収入や地位を上げようとするなど利己的になる危険性	●会社・組織への忠誠心 ●定年まで勤めあげる、などがわかりやすい事例 ●会社が社会的に悪とされる方針を取っても、その方針に従う危険性	●会社との約束 ●これをいつまでに実行する、などの責任を伴う ●プロジェクトや仕事に対して積極的に行動する ●「楽しい」や「やりがい」などは考慮されない危険性
エンゲージメントとの比較	●エンゲージメントも収入や地位を上げることは否定しない ●組織への貢献が前提。自分一人だけよければいい、という思考はエンゲージメントにはない	●会社の方針と自分の思いが一致していれば、ロイヤルティとエンゲージメントは、ほぼ一致 ●会社の方針とずれていたときにも、自分の意思を尊重するのがエンゲージメント	●責任感を持って約束を実行する点は同じ ●エンゲージメントは本人の情熱を大切にする。会社が適切と思う仕事でも、本人に情熱があるかどうかが重要

す。

それに対してエンゲージメントは自分の収入や地位を上げることを否定はしませんが、周りのためにも頑張るという考え方です。自分一人さえよければよいという思考はエンゲージメントにはありません。エンゲージメントでは、組織への貢献が前提となります。

それではロイヤルティとの違いはどうでしょうか。

例えば、当初共感し入社を決めた会社の方針から、経営者の一存で方針が変わった場合を想像してみましょう。入社当初から途中で方針が変わっても、経営者（会社）が言っているから、と考え定年まで同じ会社に勤め続けるのがロイヤルティです。一方、方針が変わったことで、入社当初、自分が思い描いていた環境と異なってしまった、このままでは自分の意思に沿わないことになってしまう、と考え転職や上長・経営陣とのすり合わせを行うなど、自身と組織の方針が合致するように動くのがエンゲージメントです。

エンゲージメントとロイヤルティの違いは、会社の方針と自分の意思が合致しているかどうか、ということ。合致していなかった際に自分の意思を尊重するのがエンゲージメントと言えるでしょう。

また、エンゲージメントはコミットメントとも違います。

コミットメントは会社と話し合って、これをいつまでに実行するといった責任を伴う約束です。もちろんエンゲージメントは組織に貢献する面を大事にしていますから、貢献を実現するための責任感は必要になります。ただ、それだけではなく、「これをやりたいんだ」「もっとよくしたいんだ」「これをやるのが楽しいんだ」という感情が強く入り込むところが特徴です。会社がいくら適切なコミットメントであると考えていても、本人に情熱が湧き上がってこなければ、やる意味を見出せません。会社と約束する前に、まず自分自身にコミットメントするのがエンゲージメントであるとも言えます。

バーンアウトの対概念

エンゲージメントはモチベーションやロイヤルティ、コミットメントの要素と一部重なるところもあります。たとえば「何かに没頭する」点はモチベーションと重なりますし、「組織に貢献する」面はロイヤルティと共通するところがあります。エンゲージメントもコミットメントも責任感は大切です。一方で、周りへの貢献も考えたうえで仕事に情熱を燃やす、正しい組織のあり方を考える、会社との方向性の一致を大切にするなど、エンゲージメント独特の性質もあります。

エンゲージメントについて理解してもらえたでしょうか。

最後に、もう一つ、エンゲージメントについて知っておいてほしいことがあります。それは、日本では「燃え尽き症候群」として知られている、バーンアウトとの関係性についてです。

実は、31ページの図で紹介したウィルマー・B・シャウフェリ教授はワーク・エンゲージメントをバーンアウトの「対概念」として提唱しています。

ここでは、「仕事量」と「人生の楽しみ」の二つの軸で4分類し、エンゲージメントとバーンアウトの対称性を示してみましょう。次ページの図はシャウフェリ教授が提唱した図を活用したものです。

①仕事量が多い・人生が楽しい＝エンゲージメント
②仕事量が多い・人生が楽しくない＝ワーカホリック
③仕事量が少ない・人生が楽しくない＝バーンアウト
④仕事量が少ない・人生が楽しい＝リラックス

仕事量と人生の楽しさについて、このように4つの象限に分けることができます。

これまで日本人はワーカホリックが多いと言われてきました。しかし仕事の意味を見出

エンゲージメントとバーンアウト

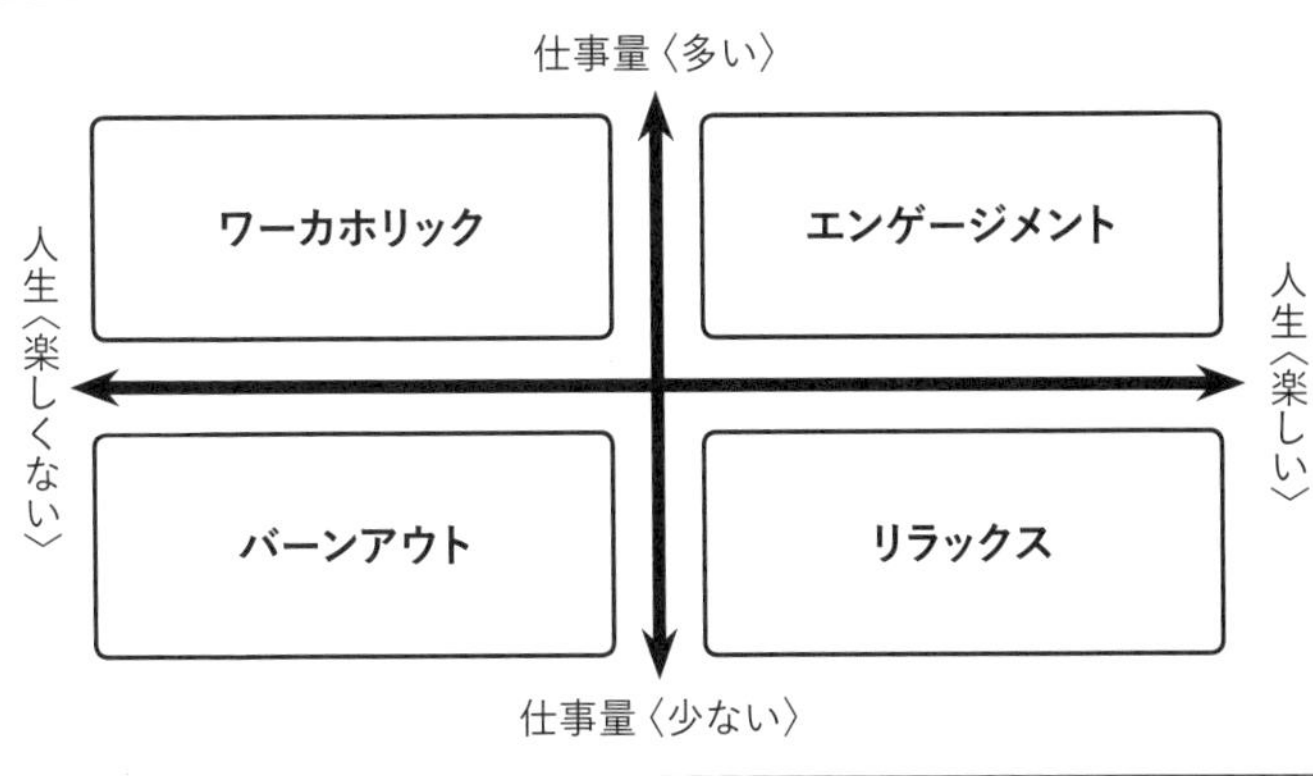

せず、やがて気力を失い、最後は仕事もできなくなってバーンアウトしてしまう人もたくさんいます。これはエリートや意識の高い人に多いと言われるケースです。

同じハードワークでも、エンゲージメントは自分にとって働く意味を感じていて、組織のゴールが自分の感情につながっているのでワーカホリックとは違います。バーンアウトすることもありません。もちろん健康を害するほどの働きすぎはいけませんが、それさえクリアしていれば、自分が働くことで自分のやりがいを大きくします。仕事をすることによって自分の思いがかなえられるのです。その点で、仕事の意味を見失ったまま心身の限界を超えて働き続け、最終的にバーンアウトしてしまう働き方とは根本的に異なります。

エンゲージメントの6段階

ここまでエンゲージメントをワークだけでなく、セルフやソーシャルといった側面から併せて考えるとより豊かな概念であることや、職場でよく使われるモチベーションやロイヤルティ、コミットメントとの違いなどを解説してきました。この節の最後では、私たちが考えている「エンゲージメントの6段階」を唱えてみようと思います。ちょうど「マズローの5段階欲求説」と同じように、エンゲージメントも段階を踏んで完成形に近づいていくと捉えることが可能です。

マズローの5段階欲求説はアメリカの心理学者、アブラハム・ハロルド・マズローが唱えた人間の動機づけに関する説です。

マズローは人間の欲求を次の5段階に分けました。

①生理的欲求

人が生きるうえで不可欠である食欲や睡眠欲などの本能的・根源的な欲求です。赤ちゃ

エンゲージメントの6段階

組織にエンゲージするということは、組織のパフォーマンスを高めるだけではなく、各個人の人生の充足感、幸福感も高めることになる。

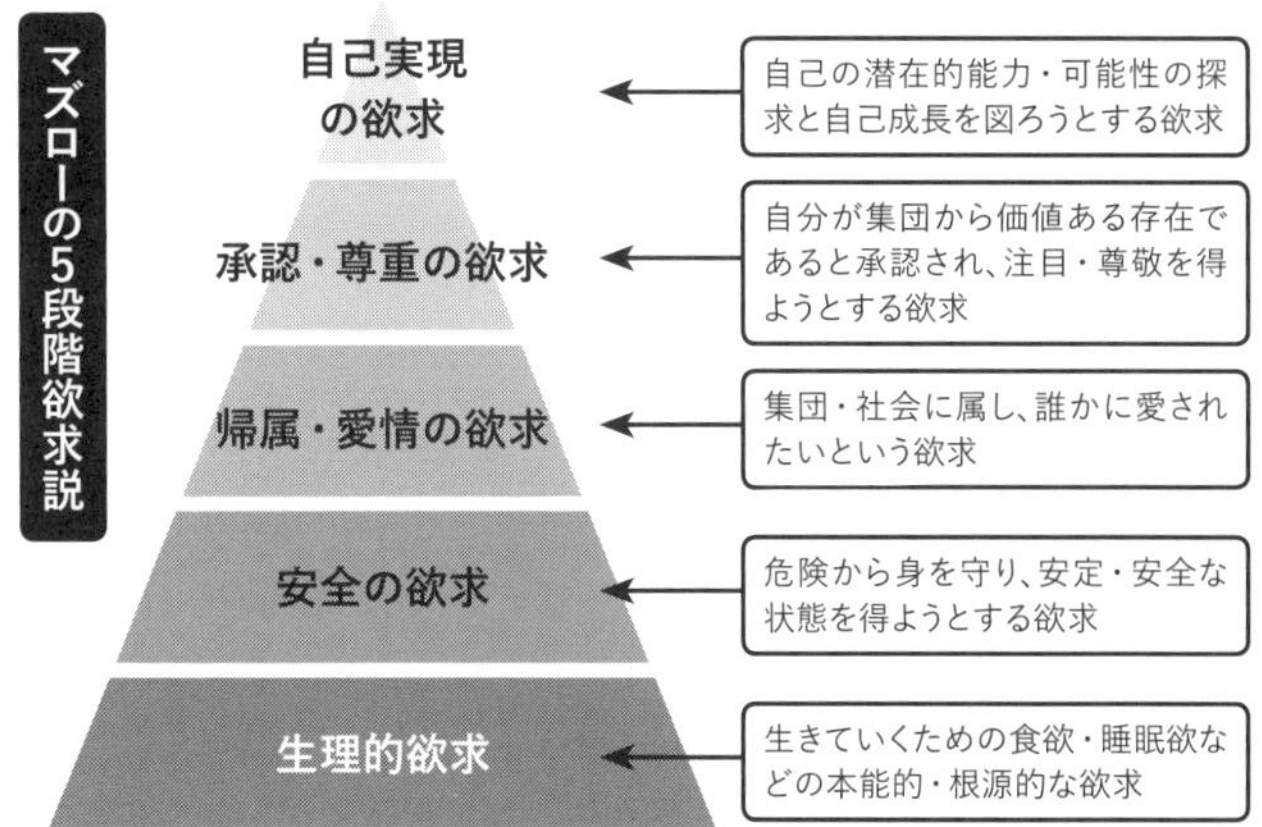

職場のエンゲージメント

仕事を通して、人として、ビジネスパーソンとして成長しているか

上司、同僚と良好な人間関係を築いているか

自分の努力に対してしっかり承認されているか

自分らしく組織に貢献できるか

組織が自分に期待していることが明確か

組織の活動、自分の仕事に意味を感じられるか

んのときからすでに持っています。

②安全の欲求

危険から身を守り、安全で安定的な状態を得ようとする欲求です。生理的欲求に引けを取らないくらい人が生き続けるために重要な欲求です。当然、今いる場所が安全でなければなりません。

③帰属・愛情の欲求

自分が集団・社会に属して、誰かに愛されたいという欲求です。生理的欲求と安全の欲求が満たされると、この欲求が現れます。親に愛されたい、恋人に愛されたい、友人に愛されたい、そんな気持ちも帰属・愛情の欲求から出てきます。人間関係が良好であり、自分の存在が感じられることが重要です。

④承認・尊重の欲求

集団から価値ある存在として承認され、注目・尊敬を得ようとする欲求です。自分の努力が認められたり、自分の意見が受け入れられたりすることが大切です。

⑤自己実現の欲求

自分の潜在的な能力や可能性を探求し、自己成長を図ろうとする欲求です。そこには自分らしさといった要素が重要になってきます。

このように人間の生命に関わる欲求から順番に5段階に分け、人間は一つの欲求が満たされると次の欲求が現れると定義づけていたのです。企業の人材育成の場でもよく引き合いに出される説なので、知っている人も多いことでしょう。

エンゲージメントの段階もマズローの5段階欲求説と同じように段階を経て上がっていくと考えられます。

①組織の活動、自分の仕事に意味を感じられるか
②組織が自分に期待していることが明確か
③自分らしく組織に貢献できるか
④自分の努力に対してしっかり承認されているか
⑤上司、同僚と良好な人間関係を築いているか
⑥仕事を通して、人として、ビジネスパーソンとして成長しているか

このようにエンゲージメントの実現も段階的です。一番下の「組織の活動、自分の仕事に意味を感じられるか」から一つずつ、前の段階を踏まえつつ次の段階に進んでいく形が一般的ですが、時には段階を飛ばしながら進むことも可能です。

4 アメリカのメジャーな概念が日本ではマイナーな理由

アメリカ発祥のエンゲージメント

エンゲージメントという言葉はアメリカではずいぶん広がっていますが、日本ではまだ十分知られていません。それではアメリカではいつ頃からこの言葉が使われるようになったのでしょうか。その歴史を見てみたいと思います。

エンゲージリングやアンガージュマンのような言葉が存在するように「エンゲージメント」という言葉自体は昔からあり、いくつもの意味を持っています。それが企業経営に多く取り入れられるようになったのはまだ歴史が浅く、2000年に入ってからです。

まず、「生産性の向上」への執着が高まる90年代のアメリカで、従業員エンゲージメントという概念が注目されました。

それまで企業は、社員の組織貢献度を高めるためには社員の満足度を上げておけばよいのだという考え方がありました。給料をたっぷりと払い、福利厚生を充実させれば、社員は満足いく働きをしてくれるだろうと考えたのです。しかし、それだけでは不十分であることがわかってきます。いくら待遇をよくしても、生産性が上がらなかったのです。

社員満足以外の方法で、社員に当事者意識を持ってもらい、もうワンランク上の仕事をしてもらうにはどうしたらよいのか。そんな悩みが生じていたときに、30ページで紹介したように従業員エンゲージメントやワーク・エンゲージメントという概念が用いられるようになってきました。

日本では2000年以降になってからエンゲージメントの概念が書籍などで紹介されるようになりました。同時期には外資系企業の日本拠点で採用されるようになります。

そのときエンゲージメントが日本でも広がりかけたのですが、結局広くは普及しませんでした。その原因はいくつか考えられます。

日本企業の終身雇用が以前ほどではなくなったとはいえ、2000年以降も基本的に維持されていたこともその一つです。仕事へのやりがいやチームへの貢献の多い少ないに関係なく、定年までその会社に在籍するのが当然だという空気があれば、エンゲージメントの話はなかなか盛り上がりません。

また、日本の企業社会が、社員のやる気を引き出すためにどちらかといえば社員満足やモチベーションを重視し、エンゲージメントに注目していなかったのも大きな要因だと思います。

そのほか、エンゲージメントがアメリカで発展したため、必ずしも日本社会や日本の企業に合わなかったと言う人もいるようです。

たとえばアメリカの企業の中には、その会社の文化に合わずエンゲージできない人は、企業がお金を払ってでも辞めてもらいたいと考えるところもあります。従業員を解雇しやすい環境にあるアメリカ企業ならではの発想でしょう。日本企業ではそうはいきません。従業員は労働基準法で守られているため、エンゲージメントの高低にかかわらず、そう簡単には解雇されません。

このように、いくつかの理由で、アメリカでエンゲージメントが広がっている中、日本ではあまりメジャーにならなかったのです。

とは言え、日本でもエンゲージメントが高くなると離職率が低くなることがわかっています。マイナビが2019年に1200名を対象に行ったアンケートの結果によると、エンゲージメントが低い組織では、エンゲージメントが高い組織に比べて離職欲求強度（離職したい気持ちの強さ）や離職欲求頻度（離職したいと思う頻度）が高いという結果が出ました（P.218参照）。

個人主義の進んだアメリカでは、日本よりも先行してエンゲージメントが優秀な人材を定着させるための有力な武器として発展してきたのです。

5 高エンゲージメント企業ほど好業績

エンゲージメントで社風を固める

それでは、エンゲージメントで日本企業に先行したアメリカ企業では、実際にそれがどう活かされているかを見ていきましょう。

アメリカに靴のネット通販会社の「ザッポス」という会社があります。アメリカで最も働きやすい会社10位に入った会社です。私たちも実際に視察したことがあります。

ザッポスには、顧客や同僚に「ワオッ！」と驚かれるような仕事をしようという企業文化があります。顧客を感動させるために工夫を凝らし、少々難しい仕事でもやり切る社員ばかりです。そこまでできるのは、社員の能力だけの問題ではなく、どちらかといえばその文化との相性が大きいでしょう。

顧客を感動させることには興味がなく、本当はそんなことやりたくない。面倒くさいから、何をやればいいかを上司に尋ねる。そんなタイプの人はザッポスには合いません。常に、どうやったらお客様をもっと喜ばせられるだろうか、どうしたら同僚をもっと感動させられるだろうかとワクワクできる人がザッポスの社風に馴染む人たちです。社員に会ってみるとみな陽気な人たちで、社内でのパーティも多い会社です。ザッポスはエンゲージメントを非常に重視していると言えるでしょう。

入社の面接試験の間にも、面接受験者を先輩社員がバーに誘って飲む機会を持つなどして、自社の文化に合う人かどうかをつぶさに観察し、入社後も2カ月間は研修期間で人となりをじっくり見ます。

そして研修期間中に、新入社員自身が自分はザッポスの社風と合わないと思ったら申し出てもらい、申し出の対価として、会社は2000ドルを支払って、その社員に会社から立ち去ってもらいます。そのほうがお互いのためだからです。研修期間を終了して何カ月かたってから、研修では社風に合うと思っていたが、実際に現場に出てみると違うと感じた人に対しては、3000ドルを支払って辞めてもらっているようです。

日本のビジネスパーソンなら、この会社や風土が本当に好きでなくても、自分の担当している仕事は好きであるとか、生活のためには多少は我慢も必要だとか、そういった理由でとどまる人もいます。

ザッポスは会社に愛着を感じない人や、たとえ仕事をきっちりこなして個人業績がよいとしても、やらされ感で仕事をしているような人は自分たちの仲間だとはみなさないのです。その結果として、ザッポスに残る社員はザッポスの社風が好きで、会社の方針と自分の方針の一致を感じ、たとえば顧客にも同僚にもワオッと驚かせたい人たちばかりの集団になります。そのことが顧客へのサービスの品質を高め、企業業績の向上につながります。

社員の自主性が組織の価値に変わる

ザッポスだけではありません。グーグルやアップルといった好業績を上げているアメリカ企業の多くが、エンゲージメントを大切にしています。

グーグルで有名な制度に「20％ルール」があります。仕事時間の20％を自分のやりたい仕事やプロジェクトに使えるユニークな制度として知られています。たとえば営業職の人が20％ルールを利用してマーケティングや広報など、違う職種の仕事にチャレンジすることもできますし、トライしてみたかったプロジェクトにその時間を充てることも可能です。就業時間帯に自分のやりたいことに着手できるのですから、それによって社員の自主性が引き出されるようです。

グーグルでは仕事時間の20％だけでなく、本業についてもどんどん権限委譲を進め、自主的に仕事をしてもらうという方針を打ち出しているといいます。そのワークスタイルが社員のやりがいを掘り起こすのです。また、今も創成期と変わらず世界の拠点をつないで全社ミーティングも行っているとのことです。そこでは、経営幹部から直接メッセージを聞くことができるので、自分と会社の方向性を確認するにはまたとない機会であると言えます。

日本企業でも、東京ディズニーリゾートを運営するオリエンタルランドはエンゲージメントの高い組織づくりに成功しています。キャストと呼ばれるスタッフがホスピタリティあふれる笑顔でゲスト（お客様）を迎え、ゲストの「夢の国」での一日に関わり、それが素晴らしいものになるように目いっぱい演出します。

時にはマニュアルよりもゲストの事情を優先することもあります。それに関して、東京ディズニーランドで実際に起きた有名な話があります。エンゲージメントを感じさせるエピソードです。

ある若い夫婦が9歳以下しか頼めないお子様ランチを注文したときの話です。キャストが事情を聞くと、その夫婦は念願の子供を授かったものの、すぐに亡くしてしまったそうです。園内でお子様ランチが食べられると知り、子供といつかは来たかったこの場所でお子様ランチを頼んで思い出をつくりたかったと言いました。大人にお子様ランチを出すのはマニュアル違反です。しかしキャストに迷いはありませんでした。すぐに子供用の椅子を用意し（あたかもそこに子供がいるように）、若い夫婦にお子様ランチを食べてもらいました。

キャストはゲストをもてなす仕事が大好きで、やりがいを感じます。会社もまた東京ディズニーリゾートで過ごすゲストの一日を最高のものにしたいと考えています。このように個人と組織の方向性がピタリと合っているので、エンゲージメントが高まるのです。それによってゲストの満足感が高くなり、リピーターを増やします。

好業績を上げているこれらの企業は、企業の方針と社員の方針が一致しているので、企業目標が社員によって実現するのです。そして、それがお客様に喜ばれ、ファンづくりにも良い効果をもたらしています。

もちろん、エンゲージメントが高ければすぐに業績に反映されるというほど単純な話ではないでしょう。しかし、短期的には結果が出なくても、長期的に見たときはエンゲージメントが高い組織は結果を出すことができるのです。

低成長の時代に求められる「イノベーション型人材」

先にあげた事例の会社は、イノベーションで存在感を発揮する企業でもあります。そこには今まで世の中になかったものを生み出したい、新しい挑戦をしたいという「イノベーション型」の人材が集まってきます。

昔はそれほどイノベーション型人材が必要とは思われませんでした。むしろ、言われたことをしっかりこなす「タスク実行型人材」のほうが重用されました。高度経済成長期であればそれでよかったのです。横並びで業界ナンバーワン企業の後をついていけば、二番手、三番手企業も成長できました。需要そのものが伸びていたので二番手、三番手が入る余地が十分あったのです。当たるかどうかわからないイノベーションに懸けるよりは、業界の流れについていったほうが安全で確実です。

現在、先進国は軒並み経済の成熟期に入っています。日本も欧米の多くの国も明らかに低成長の時代です。ＩＭＦの発表によると、２０２０年の日本の実質ＧＤＰ成長率は０・５％、米国は２・１％、ユーロ圏は１・４％程度と見込まれています。日本の高度経済成長時代の二桁成長に遠く及びません。

黙っていても経済のパイが広がり、成長できた時代とは違います。今日のように成長率低迷の時代に突入すると、多くの企業は価格競争で疲弊するばかりで、やがて経営が行き詰まってしまいます。現在の状況で経済成長を遂げようと考えれば、市場のルールを変えるようなイノベーションの力が必要です。

今は、生き残るために企業同士がしのぎを削っています。マーケットが多様化し、しかも変化のスピードが速いとなると、現場の社員がどれだけマーケットの変化や顧客のニーズに気づき、自発的に対応するかが勝敗の鍵を握るのです。もはやトップダウンによって時代の荒波を乗り切るのは難しくなっています。日本経済団体連合会の調査（２０１８年）では、企業が学生に求める能力・資質の上位二つは「主体性」「実行力」となっていて、多くの企業が自分で考え動ける人材を求めていることがわかります。

企業が求める人材は、タスク実行型人材からイノベーション型人材へ変化しているのです。

6 アスリートとエンゲージメント

スポーツに見るエンゲージメント

企業からプロスポーツの世界に視点を切り替えてみましょう。アスリートの世界でもエンゲージメントが大事だと思わせるシーンが増えてきたように思います。

「応援してくれるたくさんのサポーターのために勝ててよかったです」

「僕が活躍して野球をやってみたいと思う子供たちが増えたら嬉しいです」

最近の若いアスリートたちは気負うことなく、応援してくれる人たちと一緒に喜ぶことを楽しみ、自分たちのスポーツがこれからも発展していくことを望んでいます。

アスリートの口からエンゲージメントという言葉が出るわけでもありません。それでも、私たちはこれがエンゲージメントに関わる言葉や行動だと感じることがあります。アスリートをマネジメントする監督やコーチの中にも、エンゲージメントの本質を理解していて、それを活かしていると思わせる人たちがいます。

2004年アテネ五輪でサッカー代表監督を務め、Jリーグでも監督経験のある山本昌邦さんから興味深い話を伺いました。

Jリーグでは、成長した若手が海外チームに移籍することがよくあります。「せっかく育てたのに海外に出ていってしまうのはどう思いますか」と尋ねると、山本さんはこう答えました。

「答えは一つしかない。送り出しますよ」

Jリーグの一流選手は、活躍すれば海外に移籍できるという環境を整えておかないと、むしろ力を発揮してくれないのだそうです。力を出してくれなかったら、せっかく一流選手がいても、その強みをチームに活かすことができません。

ですから山本さんは、彼らが海外に移籍する際は全力で応援し、笑顔で送り出すそうです。ただしその前提として、山本さんのチームにいる間は「とにかくしっかりプレーする」ことにコミットさせるのだと言います。

すると選手はチームで能力を発揮し、活躍する。かつ、一度海外チームに移籍しても、日本に帰るとまた同じチームに戻ってきて、活躍してくれるのだそうです。山本さんはその一人として、鹿島アントラーズからイタリアのプロリーグ、セリエAのメッシーナに移籍した小笠原満男選手の名前をあげました。

「彼が、再びアントラーズに戻ってプレーしたのは、古巣に恩を感じていたからでしょう。海外でプレーしたからこそ移籍前とはまた違った形でチームへの貢献ができたと思います。それればかりか、東日本大震災のときは被災地のボランティアにも参加し、人間的にも成長したなと感じました」

山本さんも小笠原さんもエンゲージメントの感覚を持っている人たちだという気がします。

7 日本経済のアキレス腱

個人主義や多様性を組織の力に

日本の企業ではアメリカに比べてエンゲージメントの重要性が、まだ十分に認識されていません。エンゲージメントの国際比較を行ったタワーズワトソンの調査（タワーズワトソン「グローバル・ワークフォース・スタディ」2012年調査）によると、社員が会社で働くことに誇りを持っている割合は、世界平均では7割を超しているのに対して、日本では5割に達していません。社員が自分の会社で働くことに誇りを持てるというのは、そこで自分の力を発揮でき、かつ組織に貢献できている実感が湧いているということです。

日本企業は1990年代に入ってバブル景気が崩壊した後、雇用環境に変化が生じました。これまで信じて疑わなかった終身雇用や年功序列が永遠のものではないと多くの人が気づいたはずです。それでも社員も会社も長期安定雇用を理想とし、それが可能なうちは変えないという意識はいまだに強く残っています。社員は仕事のやりがいより安定雇用を望み、企業は仕事への情熱より勤続年数や年齢を評価してきました。

しかし日本でも今、状況がまた変わり始めています。その一つが、個人主義が顕著になってきたことです。会社へのロイヤルティは低くなり、収入がよければ簡単に転職する人たちも増えてきたように思います。

また、せっかく入社しても、3年たたずに辞めてしまう人もたくさんいます。厚生労働省の統計を見ても、大卒の新入社員が3年で3割は辞めてしまう事態が、もはや常態化しています。

しかも若年労働者の不足に拍車がかかっています。人手不足を外国人や高齢者など多様な人たちの採用で乗り切らざるを得なくなっており、マネジメントが難しくなっています。多様な人たちを活かすダイバーシティ&インクルージョンのマネジメントは今、多くの企業で必要不可欠なものとして注目を浴びています。

性格が違っても共に進める

個人個人の違いは何も国籍や性別、言語・文化といった目に見えやすい要素ばかりではありません。たとえば人の性格は個別性の高いものです。

似たような性格の人を集めたほうが組織としては強くなるでしょうか。たとえば、アグレッシブな性格の人ばかりの集団が強い組織と言えるでしょうか。そのような組織はブレーキを失ったクルマのようなものです。クルマにはアクセルとブレーキの正反対の機能があるから安全に動かすことができます。会社にはブレーキ役も必要なのです。プロジェクトに対して楽観的に考える人も必要ですが、そこに潜むリスクを指摘できるメンバーも必要でしょう。

何に対してもポジティブに考え体が先に動くようなタイプも、何をしても悲観的に捉え、考え得る限りのリスクを潰さないと一歩が踏み出せないタイプも、会社方針に共感しているのであれば、それを実現するために共に手を取り合って同じ方向を目指して進んでいけます。エンゲージメントを重視したマネジメントの下では、各自の持ち味を存分に活かしながら仕事に取り組めるのです。

エンゲージメントの高い組織では個性の違いや多様性がむしろイノベーションを生み出す武器となり、好ましいものとなるのです。

8 エンゲージメントに必要な3つの要素

エンゲージメントが高質化する要素

ここまで、第1章では、エンゲージメントとは何か、そしてなぜ今エンゲージメントが注目されるのかを説明してきました。

本書の第2章から第4章ではエンゲージメントに必要な3つの要素についてお話しして

いきます。

まず次の第2章では「仕事の意味・強み」をエンゲージメントの第一に必要な要素として、お話しします。

仕事に熱意を感じ、活力を持って没頭できていれば、その仕事をしているときは多くの人が楽しいと感じるでしょう。その前提となるのは、その仕事に自分が意味を見出せていることです。意味がわからない仕事は味気ないものです。

豊臣秀吉が大坂城を築いたときの、こんな逸話が残っています。

各棟梁を中心に石工たちのグループが大坂城の石垣を積んでいるところに、ある人がやってきました。その人が一人目の棟梁に「何をやっているんですか？」と尋ねると、その棟梁は「見ればわかるだろ。石を積んでるんだよ」と答えました。また別の棟梁に同じ質問をすると、今度は「城の石垣を造っているんだよ」と答えます。さらに別の棟梁に尋ねると「日本一の城の石垣を造っているんだ」と言います。

3人の棟梁とその下で働く石工たちの作業に何ら変わりはありません。しかし棟梁たちが持っている仕事のイメージはまったく異なります。それは石工たちにも共有されているでしょう。「石を積んでいる」意味しか感じない仕事は辛いに違いありません。同じ作業でも「日本一の城を造るんだ」という気持ちで仕事に打ち込んでいたとしたらどうでしょう。きっと誇らしい気持ちが生じるのではないでしょうか。

仕事を楽しむためには、意味のほかにも大切なことがあります。それは自分の強みです。自分の強みが活かせる仕事であれば一層楽しいと感じるはずです。逆に、自分の強みが活かせない仕事をしていてもなかなかうまく仕事が進まず、それで仕事が嫌いになってしまうことも多々あります。

ただし、自分の強みに気づいていない人もいるでしょうし、わかっていると思っている人も実は誤解している場合が多いものです。

仕事を楽しむうえで、仕事に意味があることと自分の強みが活かせることが大切であると思います。そこで、第2章では、エンゲージメントに必要な第一の要素を「仕事の意味・強み」として、仕事の意味がますます大切になっている現代の事情を知ってもらい、自分の強みを把握する方法についても述べていきます。

エンゲージメントの豊かな多様性

続く第3章では、「成長」をエンゲージメントに必要な第二の要素として説明していきます。

仕事に意味を見出すことができ、さらに自分の強みを活かせられれば仕事は楽しくなります。でも、それだけで十分でしょうか。楽しいからといってずっと同じ仕事をしていては、成長しません。

今までよりも少し難しい仕事にチャレンジし、やり遂げたときにこれまで感じたことのない達成感を得た人も多いのではないでしょうか。人は成長すればそれだけ組織や社会に貢献できるようになります。仕事だけでなく、組織や社会とのつながりを実感でき、そこで役立っている喜びも大きくなるはずです。

第3章では、仕事をもっと楽しくするための成長マインドを、成長を阻害する固定マインドと比較しながら説明していきます。

そして第4章では、「人間関係」をエンゲージメントに必要な第三の要素と捉えて話を展開していきます。

個人の仕事のやりがいも十分あり、順調に成長も果たせて順風満帆であれば、それ以上のことはないでしょうか。まだ、周りの人や、自分を取り巻く社会との関係において貢献できることがあります。仕事が成功し自分一人が幸せになるだけでなく、周りの人も幸せになり、社会もよくなる、そういう方向に考え、行動すると、ひるがえって自分の仕事が今まで以上に意義深いものに感じられ、より尊いものに思えることでしょう。

周りの人間関係を考慮する人と、自分さえよければいいという人とで、仕事の楽しさや人生の深みがどれだけ違うかも、エピソードで紹介していきます。

そして、最終章となる第5章ではエンゲージメントを促すための「対話」について説明していきます。職場の対話を通じてエンゲージメントは高まりもすれば、失われもします。あなたが部下を持つ立場であれば、より興味のある章だと思います。どんな対話であれば部下の力を引き出すことができるのか。そのコツも紹介します。

それでは次の第2章からエンゲージメントをさらに詳しく、具体的に見ていくことにしましょう。

第2章

「意味」と「強み」を知ると仕事が輝く

自分を知ればエンゲージできる

1 「給料」よりも「やりがい」、は本当か？

ミレニアル世代の仕事の価値観

働く会社を選ぶとき、あなたはどういった点を重視して決めるでしょうか。

「やっぱり、給料をいっぱいもらいたい」

「できるなら出世して、最低でも課長に、できることなら部長以上まで昇進したい」

かつてであれば、給料の高さが会社選びの大きなポイントになっていたことと思います。年功序列時代は会社内での地位アップも大きな目標であったし、実際に課長あたりまでは誰もが就けて、部長になるのも妥当な目標でした。

ところが現在は、様子がだいぶ変わってきています。

今の若い世代の人たちは、その会社で仕事をすることにどのような「意味」があるのか、その仕事には自分なりの「やりがい」があるのか……そういった視点で会社や仕事を選ぶケースが増えていると言われます。

たしかに、かつての社員の多くは「意味」や「やりがい」など実感していなくても、給料さえ高ければ、表向きは文句を言わずに仕事に取り組んでいました。

もちろん少数ながら仕事にやりがいを感じないと、上司に対して面と向かって文句を言う社員もいたでしょうし、日頃は不満を感じていなくても時に鬱積することはあったでしょう。それでも十分な給料をもらえているという実態があれば、あるいは将来もっと高い給料をもらえるという路線が明確に敷かれていれば、文句や不満を押し殺して、いま目前にある仕事に一生懸命取り組み、そのことで充実感を覚えることもあったと思います。

むしろ、「この仕事にはいったいどういう意味があるのですか」「やりがいを感じられません」などと口に出そうものなら、上司や先輩から「何を青臭いこと言ってるんだ。グダグダ言う暇があったら、とにかく仕事だ、仕事！」などとどやされたものです。実際に私たちにもそういった経験が多々あります。

しかし、もはやそういう時代ではありません。今、1980年代初頭から1990年代半ばまでに生まれた「ミレニアル世代」と呼ばれる20代半ばから40歳くらいの人たちがいます。生まれたときからインターネット環境が整っているデジタルネイティブでスマホやタブレットを使いこなす、多様な価値観にも対応できSNSを媒介して仲間とのつながりを大切にする、などが世代的な特徴とされています。日本で言えば「ゆとり教育世代」と呼ばれる世代にほぼ相当します。この世代の人たちは、給料の額ではなく、「意味」を重視して仕事を選ぶ傾向が高まってきています。

この世代は、日本では何かあるとすぐ「ゆとりだから」と枕詞を付けて言及される人たちに該当するわけですが、実はこの傾向は日本だけで起きているわけではありません。アメリカのミレニアル世代など欧米でも、給料よりもやりがいを大切にする特徴が見られることから、ある程度は世界的に共通する傾向だと言うことができるでしょう。

成長や貢献が仕事の意味を生み出す

具体的に、若い世代はどのような「意味」を求めて仕事を選択するのでしょうか。

たとえば、「成長」という視点です。その会社で働くことで、個人としてどのような経験やノウハウを得られ、自分自身の成長につなげられるのか、自分らしく成長できるのか。そういった視点で会社選びをする人が多くなっています。

この「成長」は、あらかじめ誰かが用意した、言い換えれば価値が定められた既定路線の成長ではありません。重要なのは「自分らしく」という部分です。

考えてみれば、最近はスポーツ選手の会見を見ても「自分らしく臨みたい」というコメントをよく聞くようになりました。「自分らしく」というのは、仕事にせよ、スポーツや趣味にせよ、何らかの対象にエンゲージしていく際に重きを置く大切なキーワードとなっているのかもしれません。

また、会社や仕事が実現する「社会貢献」も注目したい要素です。

2015年9月の国連サミットで、世界の環境や人権、衛生、教育といった多種多様な問題の解決を目指す「持続可能な開発目標（SDGs）」という国際目標が採択されました。これを契機として、昨今は本業における社会貢献をアピールする企業が増えています。

たとえば自動車メーカーが、CO_2排出の少ない自動車を製造することによって地球環境に貢献する、安全な自動車を造って人々の安心が得られる暮らしに貢献する、といったことです。単に「よい自動車を造る」というだけでは、もはや自動車メーカーの価値は認められません。その自動車を造ることによって、社会にどのようなプラスの影響を与えられるのか、その点が世界的視点で注目されるようになったということです。

現在の若い世代の多くは、就職活動の会社説明会などで、その企業がどのような社会貢献を目指しているか、実際に行っているかを意識しているといいます。こうした要素も、その会社で仕事をすることに「意味がある」と実感するための重要な鍵になっているということでしょう。

2 「口ぐせ」で分かる、仕事の楽しさ

「仕事の意味」が感じられる言葉づかい

何らかの仕事に取り組んでいる人に対して「あなたはいま何をしているのですか」と尋ねたとき、どのような答えが返ってくるかは実に興味深いところです。

「意味」を見出して仕事を楽しんでいる人と楽しんでいない人、仕事に対するエンゲージメントの高い人と低い人では、発する言葉や口ぐせなどの傾向にわかりやすい違いがあります。

仕事を楽しんでいる人、エンゲージメントを感じている人の言葉には、いま為している行動のその先にあるもの、つまり「意味」が見て取れます。

それは、自分の行為を、自分と組織の志向性に照らし合わせて、常にプラスの方向で自己評価しているからです。

このプラス方向にベクトルを持つスケールに仕事を置いていると、その仕事を表現するために出てくる言葉はおのずとプラス方向、すなわち未来志向の傾向を帯びてきます。

たとえばエンゲージメントの高い人は、いま現在取り組んでいる仕事に向き合いながらも、「この仕事を、どのようにすればうまくできるだろう」「この仕事がうまくできたら、どのようなプラスが生まれるだろう」などと、自分自身がワクワク感を覚えるポジティブな言葉を口にしています。

反対に、エンゲージメントの低い人は、「やってられないよ」「ムリ～」「○○のせいでうまくいかない」「○○が悪い」など、ネガティブな立場の言葉を口にする傾向が強くあります。「ダメだ」「うまくいくはずがない」「できっこない」「もうたくさん」と、常に否定の発想から入ってしまうのです。

エンゲージメントの高い人の「and」思考

この傾向は、二つの相反する要素が降り掛かってきたとき、顕著に表れます。

いま目の前に、Aという仕事とBという仕事があります。AとBは、Aを突き詰めればBがうまくいかず、Bを追えばAに不利な条件が出てくる、そういった矛盾の要素を含んだ仕事だと考えてください。

たとえば、アウトドア向け携帯スピーカーを開発する使命があるとします。屋外でバーベキューやキャンプをしながら楽しめるように、スピーカーの口径はなるべく大きくしたい、でもスピーカーを大きくすると当然ながら重くなり、持ち運びが難しくなってしまう。そういった条件のはざまで悩むようなケースです。

エンゲージメントの低い人は、スピーカーを大きくしたら重くなるのは仕方がない、軽くするならスピーカーが小さくなるのはしようがない、そう考え、その思いを素直に口にすることでしょう。Aを取ればBが立たない「ｏｒ」の関係。いわゆる「トレードオフ」です。

一方、エンゲージメントの高い人なら、スピーカーの口径と持ち運びやすさを両立させるために、軽い素材を採用する、持ちやすいようにハンドルを工夫する、ほどほどの口径でも大口径並みの迫力の音を響かせる構造を考える、などなど、AとBを並び立たせる「ａｎｄ」の関係をまず頭にイメージします。

「どちらか」、ではなく、「どちらとも」。エンゲージメントの高い人は、ａｎｄの発想で臨むからこそ、プラス思考の発言、ポジティブな口ぐせが身についているのです。

しかもそれは、単にAとBを両立させることだけが目的なのではありません。AとBを両立させることで、それにより実現するCという新しい目的が生まれます。スピーカーの例で言えば、「素材の軽量化」「パワフルな小型スピーカーの開発」などです。この新しい目的のために知恵を絞り工夫を重ねること、つまり「ａｎｄ」を極めることによって、イノベーションが生まれるのです。

これまでアウトドア用のスピーカーは小口径が当たり前だったところ、大口径なのに軽くて持ち運びやすいスピーカーが開発されたら新しい市場をつくり出すことになります。

「どうしたら両立できるだろうか？」

こんな単純な口ぐせが仕事を大きく変えることになるのです。

そもそも仕事というものは、たいてい、相反する要素が求められるものです。生産性を上げろ、でも残業はするな、休日もしっかり休め。資料はきちんと準備しろ、でもコピー用紙の使用量は減らせ……こういった無慈悲な要求が、日常的に降り掛かってくるのが会社という場であり、仕事の現場です。

だからこそ、仕事にエンゲージしているかどうかが、大きく問われるわけです。ディスエンゲージメントの人（まったくエンゲージしていない人）は、「AをやるならBはムリでしょ」

「早く帰れというくせに仕事のクオリティは上げろだなんておかしい」と、最初から「ｏｒ」で考えるクセがついています。

その言葉の延長が、会社に対する悪口にもなります。電車に乗っていると、自社の悪口を大声で話している人たちをよく見かけます。居酒屋で隣のテーブルから延々と悪口が聞こえてくることもあります。

実際に私たちは以前、山手線の車内で、前に立った若手社員3人が吊り革につかまりながら自社の悪口をくどくど並べるのを聞いたことがあります。胸には社名とロゴ入りのバッジを付けたままですし、おまけにその会社の紙袋まで抱えているので、残念ながらどの会社の社員であるかは周りの乗客に丸見えです。

そのうちの一人が言います。

「うちの会社、終わってるよね」

別の人も、社長の悪口や、外に知られたらマイナスに捉えられる可能性のあるエピソードを、周囲に聞こえるように話しています。その会社は食品関係の大手メーカーだったのですが、私たちは、それからしばらくの間、スーパーで買い物をするときには、そのブランドを避けるようになりました。

まさに彼らは、ディスエンゲージメントの象徴です。悪口が周囲に聞こえて、会社に多少のマイナス影響が起きることはあるかもしれないことはわかっていたはずです。でも、「まあ、ざまあみろ」だ、それでも自分たちの会社が潰れることはないだろう……おそらくそう思い、のんきに構えているのでしょう。

対して、エンゲージメントの高い人は、言われたことを言われた通りにやるのではなく、自分自身が設定した「目標」、「意味」を求めて、自らハードルを上げようとする人が多い印象です。なぜそうするのかと言えば、「楽しい」からです。人は自分が楽しいと感じることを選択して行う生き物です。

3 あなたの「強み」は何ですか?

強みが活かされれば仕事が楽しい

エンゲージメントと密接な関係にあるのが、個人の持つ「強み」です。

自分なりにしっくりくる「意味」を会社や仕事に見出すことはもちろん前提として必要

ですが、では「意味」を感じれば必ずエンゲージメントが高くなるかというと、現実はそううまくはいきません。

「意味」は感じていつつも、日頃の仕事がどうもうまくいかず、悩み、どうしようかと迷っている。そんな空回りの状態に陥ると、エンゲージメントはなかなか感じられません。

そこで注目したいのが「強み」です。

自分の強みを「発想力」、アイデアを生み出す力だと考えているビジネスパーソンがいました。あるとき、その「発想力」を評価され、ビジネスプランを考案する仕事を上司から任せられました。

もともとビジネスプランを考えることが大好きだったという彼は、任された仕事を見事に遂行し、依頼した上司の想定をはるかに上回る成果を出します。

その結果、彼は自分の仕事はもちろんのこと、その仕事を任せてくれた会社に対して、強いエンゲージメントを感じるようになりました。

この例とは反対に、自分が強みとは考えていない能力の発揮を期待されて仕事を任され、「つまらない」と感じながら仕事を続けたために思うような成果を出せず、ついにエンゲージメントも感じることができなかった、という人もいます。

もちろん中には、任された仕事を進めるうちに自分が知らなかった強みに気づき、仕事が楽しくなり、結果的にエンゲージするようになったケースもあります。いずれにしても、仕事を進める過程で「強み」がエンゲージメントに大きく作用したのです。

自分が「強み」だと感じているものは、得意なことや好きなことでもあり、その得意なこと、好きなことを任され、邁進するからこそ「やる気」も生まれます。

ただ、上司の立場から考えたとき、誰に対しても同じアプローチで「やる気」を刺激できるかといえば、そうとも言えないのがまた難しいところなのです。

部下の強みを意識した仕事の与え方

そんなときにこそ、多様性を活かすことが問われているのです。人それぞれ性格は違うわけですし、人生で経験してきたことも違います。違うからこそ、仕事においても多様な可能性を期待できるのです。

にもかかわらず、誰に対しても同じ依頼の仕方で「やる気」を刺激できると決めつけ、個々人に応じたアプローチを工夫せずに進めていると、むしろ逆効果で「やる気」を失う人も出てきかねません。

いわばこの「人に応じてアプローチを工夫」し、いかにエンゲージメントにつなげるかというところが、上司の腕の見せどころであり、難しい部分でもあるわけです。

現実に上司やマネジャーはエンゲージしていない部下も多く抱えていることでしょう。だとすると、エンゲージしていない部下をいかにエンゲージさせるかが、仕事を任せる側にとっての大きなテーマになることは言うまでもありません。

「強み」に加えて仕事の与え方も大事

「今日も仕事がうまくいかなかった」

このような悩みを抱える社員はいくらでもいるはずです。その原因はいくつも考えられるのですが（組織に問題がある場合や、そもそも仕事そのものに無理がある場合もあります）、エンゲージメントという視点で見るならば、その社員の「強み」が活かされていない、だからこそエンゲージメントが高まらず、仕事がうまく進まない……という可能性を、上司やマネジャーは真っ先に考えてみるべきでしょう。

「この人は、どのような依頼の仕方をすれば、一皮むけて強みを発揮してくれるだろうか」

そこをしっかり考えることが、部下のエンゲージメントを引き出すための第一歩になると言えるでしょう。

そもそも部下の強みを理解している上司は、どのくらいいるのでしょうか？　研修で複数の部下の名前を書いてもらい、その横に、その部下の強みを書いてもらう演習をすることがありますが、大半の上司は頭を抱えてしまいます。部下の強みをすぐに言語化できる上司は非常に少ないのです。そこで、この章の後半では部下の強みを知るためのテクニックをいくつか、ご紹介します。

4 「強み」を知ると仕事の「意味」が分かる

「心のクセ」が強みの素地

ひと口に「強み」と言いますが、実際に強みとはどのようなものなのでしょう。

強みと聞いて「スキル」や「知見（知識・経験）」といった要素がすぐに思い浮かぶのではないでしょうか。しかしながら、人間の強みは決してこれらだけではありません。

スキルや知見といったものは、中堅以上の社員ならいざ知らず、まだまだ会社に入ってきたばかりの社員にとっては身についていないケースのほうが圧倒的に多いものです。彼らは入社後のビジネスライフで少しずつ「スキル」や「知見」を身につけていきます。

となると、新入社員に関しては、そのスキルや知見を身につける素地がどれほどあるかが重要になってきます。つまり、将来的にスキル、知見を身につけるときの素地となる「自分らしさ」や「価値観」といったものも、強みにつながる可能性のベースとして評価すべきだということです。

スキルや知見も個人差があるものですが、自分らしさ、価値観となるとさらに人によって多様なパターンが存在します。「自分らしさ」と「価値観」の二つが仕事にうまく合致すれば、当人としても「意味」を見出しやすくなり、エンゲージメント醸成に向けた大きな可能性が生まれます。

ここで私たちが注目しているのが「自分らしさ」の正体とも言える「心のクセ」です。心のクセというだけではわかりにくいかもしれませんが、これは持ち前の「考え方」「感じ方」「行動の仕方」のパターンのことで、要は、「強み」の素になる自分ならではのパターン、と考えることができます。

「心のクセ」を見つけてそれを磨く

私たちは、「強み」というものは、「スキル」「知見」、そして「心のクセ」の組み合わせだと考えています。

この中で、スキル、知見は、子供の頃から成長を続け、社会人生活を送る中でいろいろな要素を身につけて、どんどんと変わっていくものです。

ところが「心のクセ」は、実は年齢を重ねてもあまり変わらないものだと考えられます。たとえば大企業に就職した同期が、様々な部署へ配属され、異動や海外転勤などを繰り返したあげく、入社20年後にまた本社で一緒になったとします。長い時を経て同期同士が再会したのですから、課長、部長、さらにはもっと上まで昇進している人もきっといることでしょう。

そんな同期入社の社員たちが、久しぶりに一堂に会して呑むことになったとします。それぞれ長い間の経験やエピソードを、酒を酌み交わしながら披露し合うわけですが、異なる部署で活躍してきたので、それぞれ身につけてきたスキルや知見の種類は違っています。「へぇ〜、そんなすごい取引に関わってたの」と驚きの逸話も出てくるに違いありません。

そんなときは、お互いに仕事人としても人間としても入社した頃よりも一回りも二回りも大きくなった人のように感じるでしょう。ところが、しばらく呑んでいるうちに、「おまえ、20年たったけれど、まったく変わってないな」という話になることが多いものです。スキルや知見は長い社会人経験の中でどんどんと変わり、新たに蓄積されていったとしても、その根本となる「心のクセ」、つまり「考え方」や「感じ方」、「行動の仕方」は、実はほとんど変わらないものなのです。

ですから、人それぞれの強みにつながる「心のクセ」の部分は、無理に変えようとせず、活かした形で強みを磨いていくほうがいいのではないか、ということが言えます。そのほうが効率的だと私たちは考えます。

研修の場で、親としてあるいは上司として、自分の子や部下の強みと弱み、どちらがより気になるか、どちらについて多くの時間を費やして話をするか、と聞くことがあります。会社にもよりますが、7割くらいの人が子に対しても部下に対しても弱みのほうが気になり、また、弱みをどうやって矯正するかについてじっくり話すことが多いと答えてくれます。特に子供については、5段階の通信簿では、5の科目よりも2や3の科目を上げるほうが平均点を上げるのに効果的だ、という話もよく聞かれます。

しかし、実際は通信簿の5というのは一つの指標に過ぎず、得意科目について、なぜそんなに得意なのか、好きなのか、その理由を聞いて、情熱にさらに火をつけることができれば、得意科目はもちろん勉強そのものへの、やる気が高まります。そうすると、成績の低い科目についても、親から言われずとも、何とかしようと自ら思うものです。得意科目がもっと得意になるということは、通信簿では同じ5であっても、7や8どころか20くらいの重みをもたらすことができている、とも言えるのです。

これはビジネスパーソンでも同じことです。学生が得意科目を楽しみながら学び続けて高いレベルへと成績を伸ばすことができるように、ビジネスパーソンも仕事で強みを活かすことによって、パフォーマンスを高められるのです。実際に心理学の世界でも様々な調査が行われ、職場で強みを活かすことで自信が湧き、創造性が発揮され、自己効力感が向上する、あるいは単純に幸福感を得られるなど、様々なポジティブな効果をもたらすということが実証されています。

目に見えている「得意」だけが強みではない

最近は、強みを発見し、診断する「強み分析」と言われるツールも、様々なものが登場しています。

「思考」「感情」「行動」のパターンを見つける「ストレングスファインダー」、価値観を発見する「VIA－IS」などが有名で、どちらもとてもよくできた強み診断ツールだと思います。

こうしたツールを使って見えてくるものが「自分らしさ（のヒント）」であり、それを仕事の文脈に置き換えたとき、今まで知らなかった「強み」を発見できる可能性が出てきます。

これらのツールで「強み分析」を行った際は、ぜひ「氷山モデル」を使った自己分析を試していただきたいと思います。「自分は営業が得意だ」と考える人は、おそらく実際に営業の実績があるのでしょう。しかし、それは水面上に見えるスキルで、水面下には「人と話すのが好き」「学ぶことが好き」「人を説得することが好き」などの潜在的な強み（心のクセ）が隠れているかもしれません。

人とは、まさに氷山のようなもので、海面の上に出ている見えやすい部分（スキルや知識）は、その人間のほんの一部に過ぎません。実際には海の下に、潜在的な強み（の素）がたくさん存在しています。

そうした潜在的な強みには、何となく気づいているものもあれば、まったく気づいてい

強みの氷山モデル

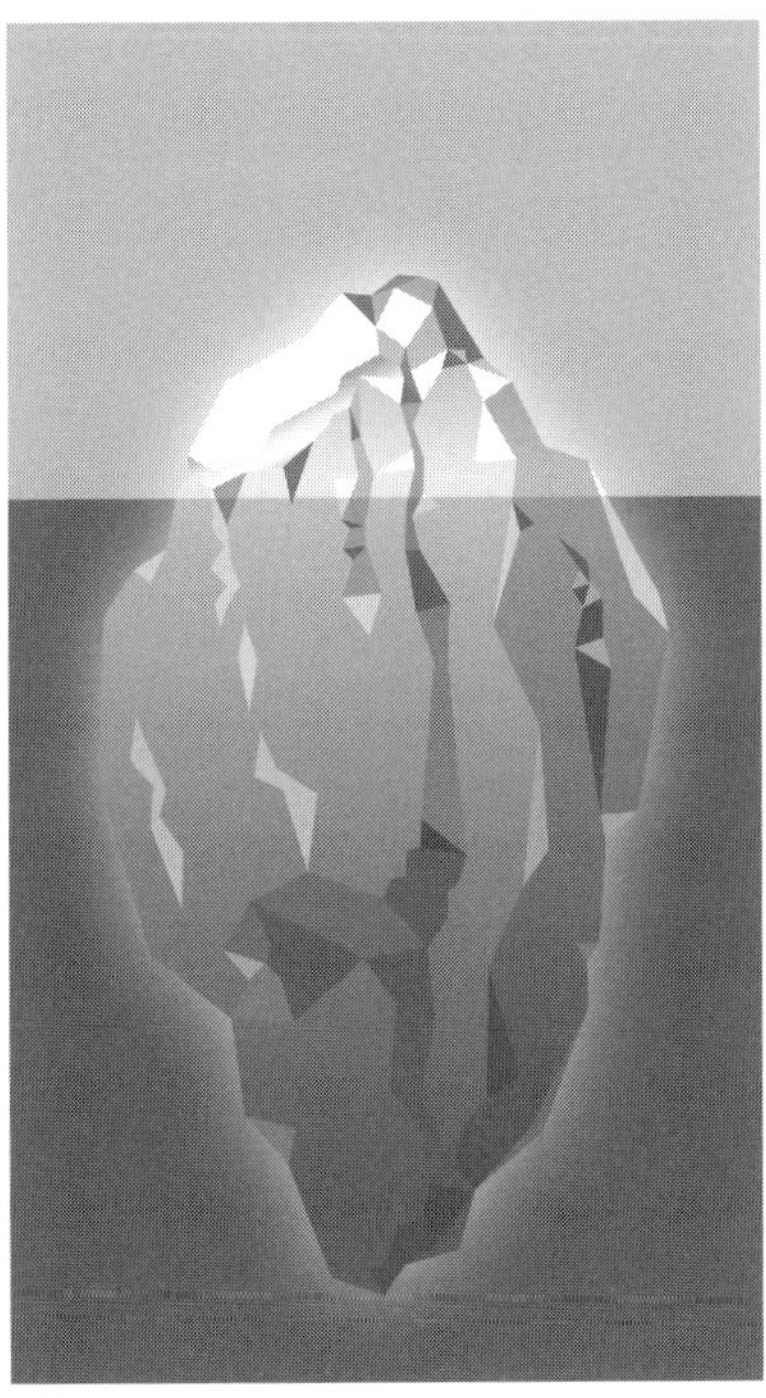

表面上の強み

▽

「私は営業が得意だ」

- 顧客ニーズに合わせたプレゼンスキル
- 10年の営業経験から身につけた豊富な業界知識

心のクセ

- いろいろな人と話すのが好き
- 学ぶことが楽しい
- 人を説得したがる
- 人との競争には勝ちたい
- 相手に分かるように説明する
- 人のために尽くすと幸せを感じる

ない意外なものもあります。同様に、仕事の場でも上司や同僚から見えているもの、見えていないものがあるはずです。

そして、ここが重要なのですが、その見えていない心のクセが、思わぬ未来の強みをつくり出すことがあるのです。

たとえば、自己認識では見えていない要素に上司や同僚は気づいており、その気づきに基づいた仕事を任せられることで、自分では想像もできなかった成果を生むことがあるということです。

強みが自分に見えていないと、いま目の前にある仕事の「意味」を見出すのは難しいこともあります。しかし実際には、氷山の例でわかるように、自分に見えている強みだけが本当の強みではありません。意味がないと思える仕事に一生懸命取り組むことによって、それまでの自分は知らなかった未知の強みに気づき、素晴らしいキャリアが開ける可能性もあるのです。

ですから、今の仕事に意味を感じないときは、自分の未知の可能性を探り当てる気持ちを持ちつつ、その仕事の先で新たに生まれる強みの可能性を信じてみることも大切です。結果的に、意味がないと感じながら取り組んだ仕事から新たな強みに気づけば、次につながる新たな武器を手に入れたようなものです。

実際、私たちが出会うビジネスパーソンの中には、最初の希望とは違う道で成功した人たちがたくさんいます。

たとえば学生時代、ジャーナリストを志望し、自らも正義感が強いし、文章を書くのも好きだからその職業に向いていると思っていたのに、どの新聞社の入社試験も落ちてしまって、仕方なくジャーナリストの道を諦めた人がいます。その後、学生時代には「あり得ない」と思っていた金融機関に入社することになり、金融の自由化をきっかけに仕事が面白く感じるようになって、ついには本部長クラスにまで上り詰め、今は毎日、新しいサービスを考えることが楽しいとイキイキ仕事をしています。

このように、自分では「向いてない」「意味がない」と思っていた仕事であっても、取り組んでいるうちに予想もしなかった才能が開花することもあります。そうすれば、その仕事はもはや意味のない仕事ではなくなるどころか、天職だとも言えます。当然、エンゲージメントもさらに高まっていくのです。

5 自分の「強み」を知る方法

強み分析は何を測るのか

繰り返しになりますが、人間の強みは表に見えているものだけではなく、見えていないところにも数多く存在します。むしろ、見えていない、隠れている強みこそが実は重要である……と私たちは考えています。

そうした隠れた強みをあぶり出すために有効なツールが、強み分析です。

人間の心のクセ、つまり「考え方」、「感じ方」、「行動の仕方」のパターン自体は、成長してもあまり変わらないという話をしました。スキルや知識や経験は努力とともに身につき、蓄えられていくものですが、その成長のベースとなる「心のクセ」は基本的に変化しないものなのです。

だとすれば、その才能を積極的に使い、磨き、強みとして育てていくほうがはるかにいいということです。そのためには、まず「心のクセ」を発見する必要があります。

正式な強み分析ツールを用いないと、自分の心のクセを知ることができないということはありません。

たとえば、次のような質問によって、その人の思考・感情・行動のパターンを見つけることができます。

◎これまでの仕事で、最高に楽しいと思った仕事を思い返してください。

・どんな内容の仕事でしたか？
・どんな仲間と一緒でしたか？
・どんな困難がありましたか？
・その仕事のどこが楽しかったのですか？

◎これまでの仕事で、自分が自分らしく大きく成長した、一皮むけた、と言える体験を思い出してください。

・どんな内容の仕事でしたか？
・どんな仲間と一緒でしたか？
・どんな困難がありましたか？
・その仕事で、自分のどんな強みが鍛えられたと思いますか？

これらの設問の答えを分析することで、「社交性」「几帳面さ」「目標達成志向」「協調性」

など、様々な「心のクセ」が読み取れます。もちろん正式なアセスメント（評価や査定）ほどのシステマチックな分析にはなりませんが、それでも普段意識していない自分の心の声に気づくと思います。

自分の憧れる人を選び、その人のどこが素晴らしいのかを聞いてみるのも、その人の価値観を言語化するのに役立ちます。

また、チームでワークショップを実施し、メンバー同士で、それぞれの人の強み、よい点、と思われることについて、感謝を込めて付箋に書いて、本人に渡し、それを見て各メンバーが自分の強みについて発表する、というのも効果的な手法だと思います。

これらの活動を通して、あるいは「強み」が見えてくるのです。うまく実施すれば、強み分析ツールよりも各自にとって意味深い「強み」の発見となり、それを活かすためのヒントを得ることもできるでしょう。

仲間からのフィードバックで気づく新たな強み

自己を知るためのフレームワークとしては、アメリカの心理学者ジョセフ・ルフトとハリ・インガムが考案した「ジョハリの窓」もよく知られています。

ジョハリの窓

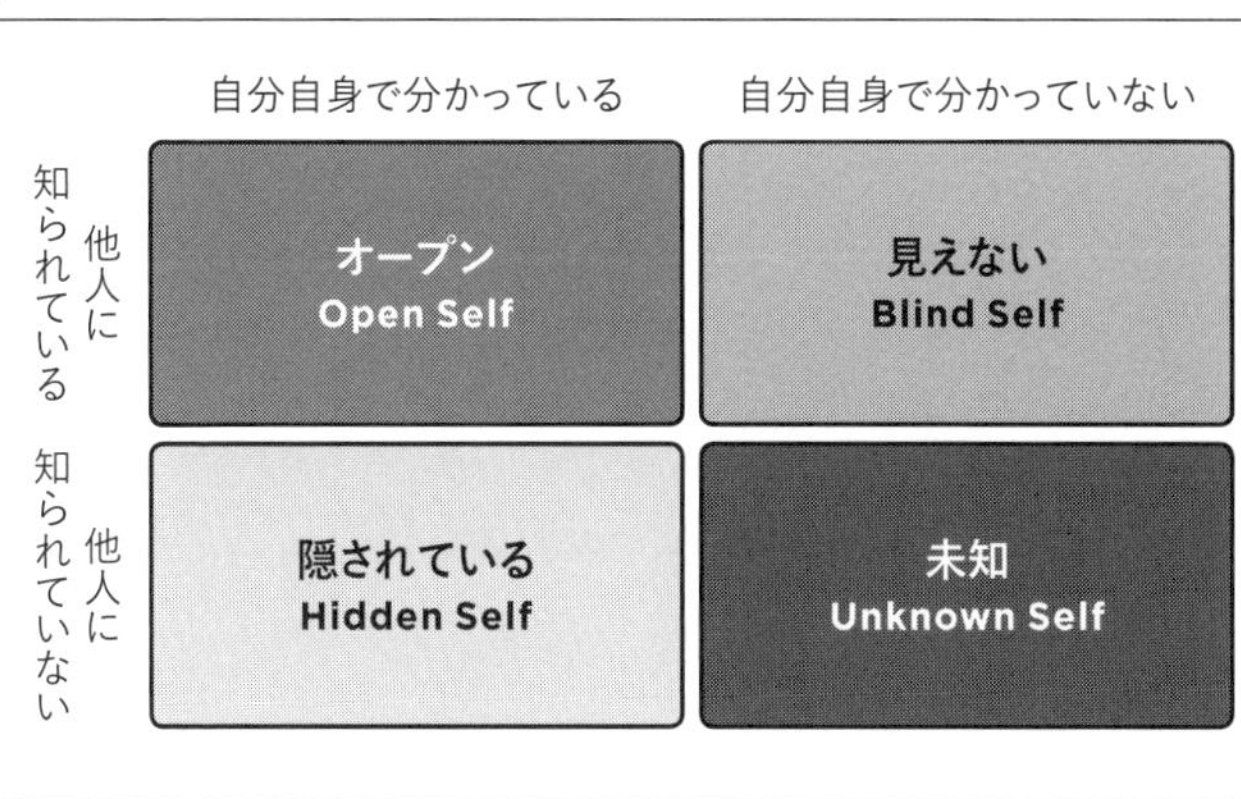

「ジョハリの窓」は、４つの象限を設け、それぞれに「自分が知っている自己」「自分が知らない自己」「他人が知っている自己」「他人が知らない自己」を割り当てて、自分に対する理解を深め、コミュニケーションや能力開発に役立てるフレームワークです。「ジョハリの窓」を使うと、自分が知らない自分探しのヒントを得ることが可能です。

ただし、ここでも一点注意が必要です。本当の自分に気づく作業は、一人ではできないということです。

そこで頼りになるのが、上司、先輩、同僚といった、仕事をする自分を日頃から身近で見ている存在です。３６０度評価のツールなども有効ですが、それを使うにしても使わないにしても、上司や先輩の立場から部下や後輩の「強み」について見えた点、気づいた要素をフィードバックする姿勢がとても重要になるのです。

ですから、あなたが部下を持つ上司であり、部下が「まだ知らない自分の強みを知りたい」と願っていたとしたら、対話する機会を意識的に設けて、気づきを与えてほしいと思います。

近年、「1 on 1（ワン・オン・ワン）ミーティング」が注目されています。上司と部下が1対1で向き合い、対話を行う1 on 1ミーティングは「強み」の発見に効果的です。上司と部下で「ジョハリの窓」を前にして、部下の隠れた強みを分析するのも、1 on 1の効果的な進め方の一つです。

ビジネスの現場における様々なフィードバックを活用し、今まで知らなかった「強み」と謙虚に向き合うことができれば、自分が真に「意味」を感じられる仕事を見出し、エンゲージメントを高めることができるはずです。

6 「強み」が分かると仕事は輝く

上司と部下で強みの違いを受け入れる

「強み」を把握すると、仕事に「意味」を感じ、楽しみながら仕事ができるので、エンゲージメントが高まり、成果にもつながります。それをより理解してもらうために一例を紹介しましょう。ある医療機器メーカーの営業A君のエピソードです。

A君の上司は常に営業トップを走ってきた人ですが、部下のA君とは気が合わず、むしろA君の仕事の遅さをいつも批判します。本人のいないところではいつも「あいつは営業の素質がない。ほかの仕事をしたほうがいい」と言っていて、人事に相談しようと思っていました。部下のA君も仕事に対して煮え切らない思いを抱いていました。

そこで私たちは、この二人について、それぞれの強みをベースに分析しました。そしてわかったのは、二人はまったく異なる強みを持っている、ということでした。

上司は「社交性」「論理的説明力」「交渉力」が高く、それらを活かして、まずはお客様とよい人間関係をつくり、わかりやすく商品・サービスを説明し、最後は押しの強いクローるようなスタイルを持っていました。

上司はそのスタイルを駆使して成果を出していたのですが、部下のA君はそのような強みを持っていないようでした。だから上司は「あいつは営業に向いていない」と判断することになったのです。そこにある感情は「落胆」、「あきらめ」、「怒り」です。

そう思われていることはA君も感じているので、のびのびと仕事をすることができません。部下は、そんな環境に不満を感じ、上司には「不信感」、自分自身には「苦手意識」を感じ、「消極性」ばかりが目につくことになりました。それを見た上司は、さらにがっかりします。そこにあるのは「負の循環」です。

そこで、私たちは、それぞれの「強み」を明らかにする介入をしました。A君に、上司の営業スタイルを踏襲せず自分ならではのスタイルをつくる、という課題を課したのです。

A君は、自分は人見知り、押しが弱い、という弱みがあるものの、「向学心」や「考察力」、「正義感」が高いという強みがあることに気づきました。そこで、それらの強みをどうやって営業に活かせるかを考え、いろいろと試行錯誤をしました。そこで生まれたのが、彼ならではの「学術的アプローチ」「コンプライアンス重視型営業」です。

強みの違いによる悪循環、好循環

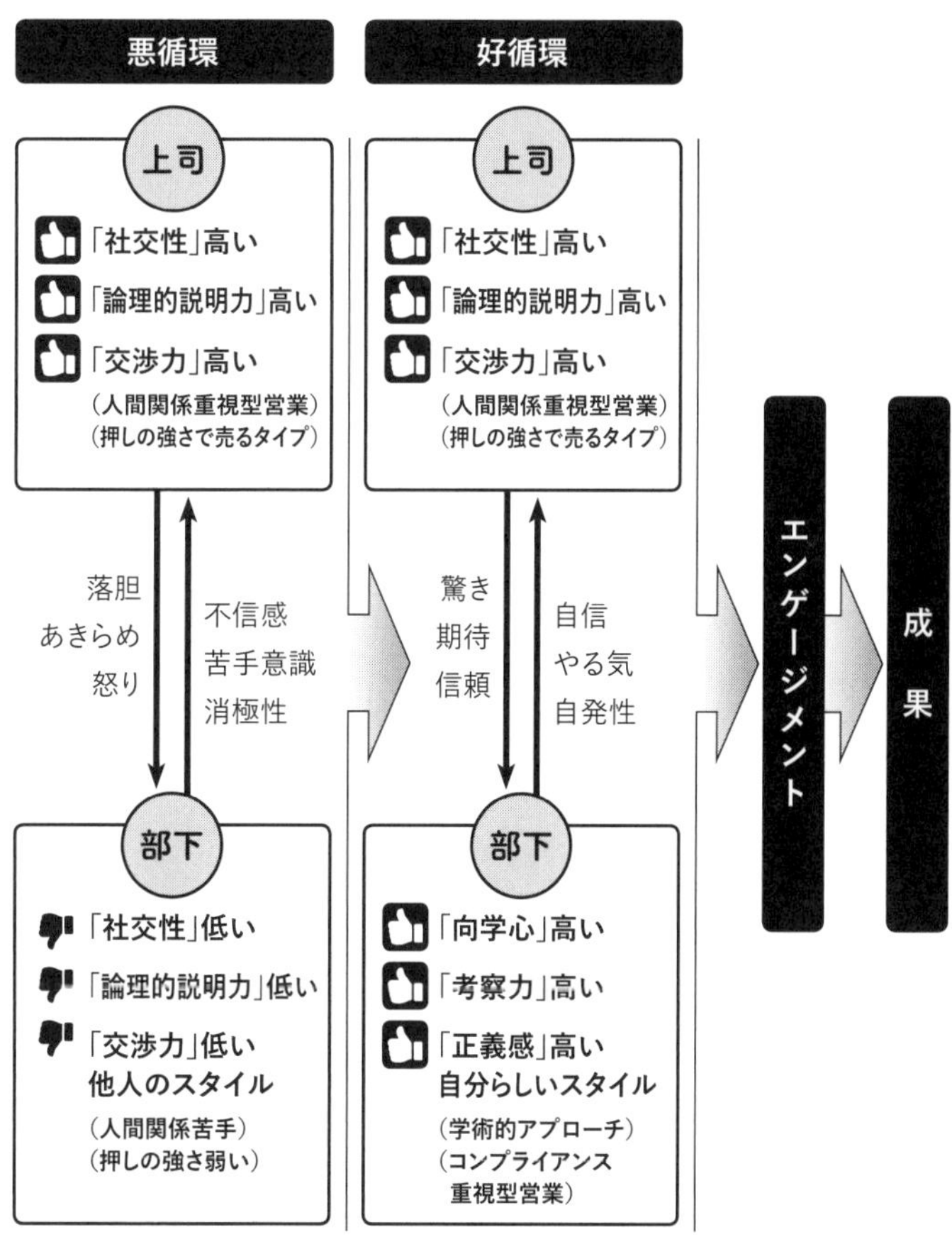

上司ははじめ、「そんなもので売れるほど営業は甘くない」と高をくっていましたが、A君が少しずつ実績を出し始めました。上司の営業スタイルよりもA君の営業のほうが好感を持たれるケースが出てきたのです。すると上司の態度も変わりました。

「そんなやり方で売れるのか？」「え、あの難しい先生に買ってもらったのか？」「それができるなら、あの難攻不落の病院も当たってくれないか？」

そこで、上司の感情は「驚き」、「期待」、「信頼」へと変化したのです。それを感じたA君は「自信」、「やる気」、「自発性」を高めました。すると、上司は部下のA君を尊重するようになり、A君も「お言葉ですが、そのような売り方はあの先生には通用しないと思います」という生意気な言葉すら出てくるようにもなりました。はじめはムッとしていた上司でしたが、今では彼の意見も頼りにし、他のメンバーの強みも活かしながら、イキイキとしたチームづくりに成功しています。

これが、強みの違いによってエンゲージメントを生んだ「強みの好循環」の一例です。

7 仕事の「意味」、社員の「強み」を大切にする会社

自分らしさを発揮させエンゲージメントを向上

ここまで、エンゲージメントを高めるために「強み」が重要であること、また職場において社員のエンゲージメントを高めるために個人の「強み」を発見する方法などについて書いてきました。

仕事の意味が感じられ、自分の強みが活かされれば自然とエンゲージメントが高まり、それが職場やチームによい影響を与えてチームの実績も上がり、さらには会社全体にも素晴らしい結果がもたらされます。

実際に、個人のエンゲージメントを高めて組織の力に変えようと努めている企業として、どういった事例があるのでしょうか。

脱マニュアルで個人個人の強みを活かす接客

カフェチェーンのスターバックスは、来店した客に対する挨拶などのコミュニケーショ

ン方法をマニュアルで規定せず、個人に任せていることが知られています。いわばパートナー（従業員）の自主性やコミュニケーション力、発想力、共感力、心遣いなどを信頼した方法論と言えます。

パートナーは、客をもてなすために自分の「強み」を発揮して創意工夫し、その結果が店舗の売り上げはもちろん、個人の評価につながっていくので、やる気が高まり、エンゲージメントも深まります。スターバックスの場合は、こうした接客を実現するために徹底した研修とコーチングを行っているといいます。

スターバックスはアメリカ発の企業です。やはりこうした事例では、アメリカやヨーロッパの企業が先進的で、日本企業はまだまだといった印象が強いところです。

個人主義が進んだ国では、エンゲージメントがなければ組織が成り立たないため、早い時期から試行錯誤を重ね、いかにエンゲージメントを高めていくかについて積極的に取り組んできたのです。

第1章でも述べましたが、日本は年功序列と終身雇用のおかげで伝統的に会社中心の考え方が根強く、自然と忠誠心が醸成されていたため、かつてはエンゲージメントが主題になることもさほどなかったのでしょう。

しかし近年は終身雇用が崩れつつあることから、社員のエンゲージメントを上げる必要性が、さらに出てきたように思います。

第3章

「成長」を意識すると仕事は楽しくなる

成長マインドとエンゲージメント

1 入社3カ月で低下する「成長マインド」

入社3カ月で何が変わるのか

若い人は成長が著しい——それは本当でしょうか。

たしかに若いときは貪欲に学び、それが血肉となって知識やスキルがどんどん伸びていきます。その裏には、記憶力がよい、変化に対応できる、といった若い人ならではの能力的な特徴があるように思います。

人の能力に関して興味深い調査があります。

マサチューセッツ工科大学の認知科学研究者、ジョシュア・ハーツホーン氏らの研究グループが、10～90歳までの数千人を対象に能力を調べたところ、集中力のピークは43歳前後、他人の感情を読み取る能力のピークは48歳前後だという結果が得られたといいます。

認知科学的には、入社してから40代半ばまでは能力的に成長していくのです。

成長する条件は整っているように思えます。しかし問題はマインドにあります。成長したいというマインドがあるかどうかです。ここで一つのデータを紹介しましょう。「20

入社時から3カ月で〈収入〉が〈成長〉を上回る

Q『社会人生活の中でどのようなことに期待をもっていますか』

（複数回答可 最大3項目）

『社会人生活の中でどのようなことに期待をもっているか』は、1位が「収入が得られる」で59.4%（4月比11.7pt増）、2位が「自分が成長できる」で57.2%（ 4月比10.8pt減）、3位が「新しいことに挑戦できる」で32.7%（4月比10.3pt減）となった。（1,895名を調査）

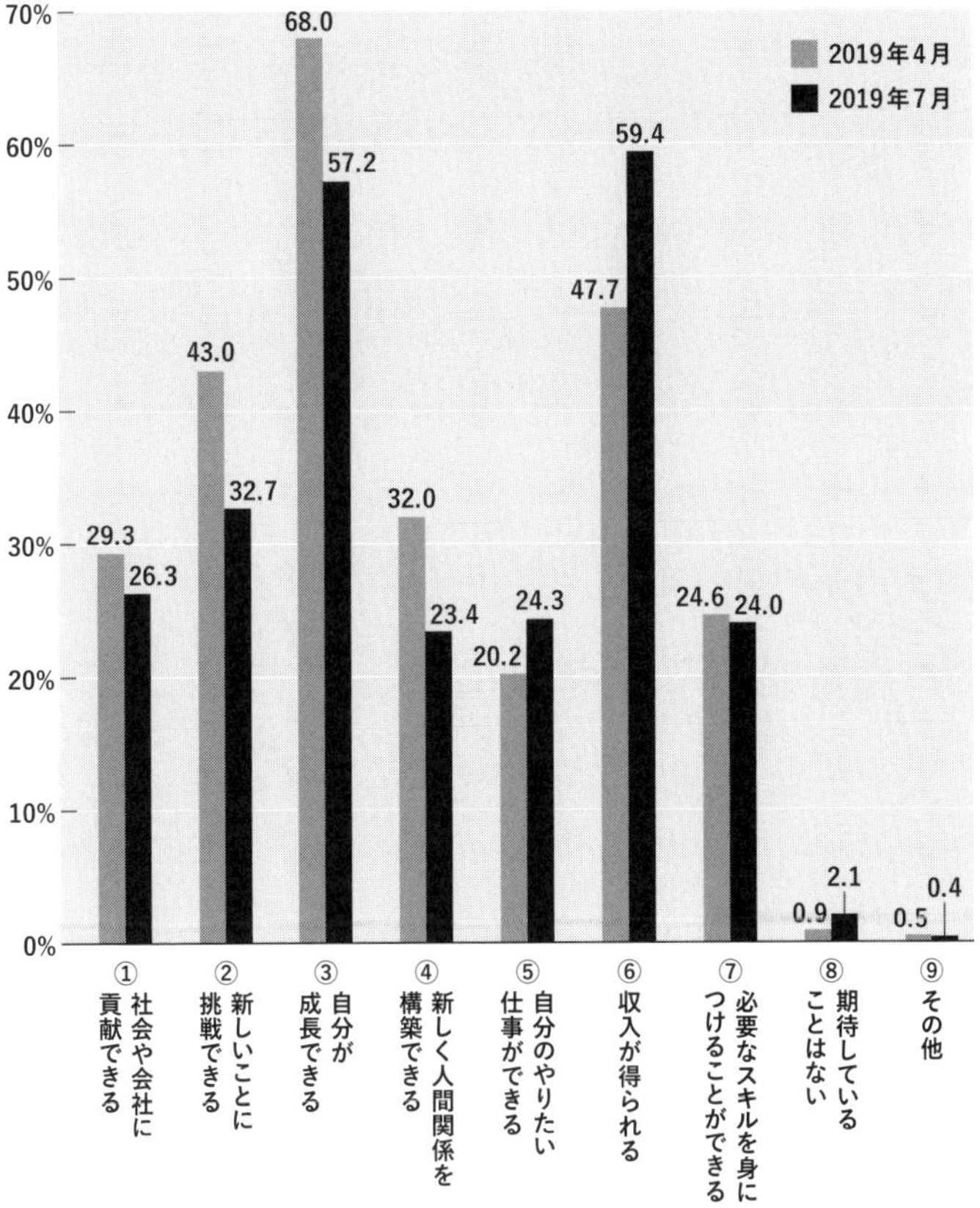

2019マイナビ新入社員意識調査より

19マイナビ新入社員意識調査～3カ月後の現状～」（※「HR Trend Lab」でダウンロード可能）です。

「社会人生活の中でどのようなことに期待をもっていますか」という質問に対して、入社時（4月）は、1位が「自分が成長できる」（68・0％）で、2位以下は「収入が得られる」（47・7％）、「新しいことに挑戦できる」（43・0％）、「新しく人間関係を構築できる」（32・0％）と続いています。

収入が得られるという現実的な事項よりも、自己成長に対する期待感が強いのがわかります。自己成長だけでなく、新しいことへの挑戦や社会や会社への貢献などの項目も、それを通じて自分が成長しますから、成長に関する項目であると言えます。そして、いずれもエンゲージメントを高めるために重要な要素です。

そのマインドが、3カ月という実に短い期間のうちに変化してしまいます。

入社から3カ月たった7月に行った調査では、「自分が成長できる」は10・8ポイント下がって57・2％、「新しいことに挑戦できる」は10・3ポイント下がって32・7％、「社会や会社に貢献できる」は3・0ポイント下がって26・3％と、エンゲージメントを高める要素が軒並み低下しています。

それに対して「収入が得られる」が11・7ポイントも上昇して59・4%と、「自分が成長できる」を逆転して1位になっています。

そこには、今やっている仕事をできるだけ高く評価してほしいという意識が働いていると考えられます。逆に言えば、高く評価されないのであれば、いま以上の仕事はやらないと読み取ることもできます。また成長に対するあきらめもあると思われます。

いずれにしても、この3カ月の変化から読み取れるのは、新入社員のエンゲージメントを高める要素の一つである〈成長への意識〉は入社時が最高点で、仕事を始めた途端、下がっていくということです。

組織が若手の芽を摘む

若ければ成長する伸びしろが大きいのは当然でしょう。だから会社も新卒採用に力を入れ、研修コストの多くが新入社員にかけられます。

ところが当の新入社員は入社3カ月で、成長や新しいことへの挑戦よりも収入が得られることを重視するようになります。このマインドの違いは仕事のあらゆる場面で関わってきて、その人の成長を左右します。

たとえば上司に頼まれて2時間の残業をするケースを考えてみます。

それを成長や新しいことへの挑戦と考える人は、その2時間でどんな工夫をすれば高いパフォーマンスを出せるのか、自分らしい仕事の仕上がりイメージは何かなどに考えを巡らすでしょう。

同じ2時間の残業を、収入が得られる観点から考える人はどうでしょうか。2時間を超えた残業はしたくないからサクサクやろう、多少品質が悪くてもしょうがないだろうと考えても不思議ではないでしょう。あるいは真逆で、ゆっくり3時間残業すれば残業代が6000円に増えるなと思う人がいるかもしれません。いずれにしても、どこまで良い仕事をするかが第一基準ではなく、お金を得ることの優先順位が高くなります。

同じ仕事でも良い仕事にするために挑戦するのと、ただこなすのとでは、どちらが仕事を通じた成長を得られるかは明らかです。それゆえ若ければ成長するというのは一般論に過ぎず、成長しない若い人もいるのです。

これは個人だけが悪いのではなく、会社組織にも問題があります。

たとえば組織がゴールを共有していないケースです。個人の成長と組織の成長がリンクしておらず、個人の期待や目標とは全く関係なく、会社は会社の目標に向かって走っている状態だと個人はしらけてしまいます。

新入社員が上司に、「新しいことに挑戦したいんです」「会社や社会に貢献したいんです」と言っても、「とりあえず言われた仕事をやってからな」「そんなことを言うのは十年早い」と相手にされないことも多いでしょう。これではエンゲージメントが下がるのも当たり前です。組織に関係する期待が失われ、それ以外の、特に収入への期待が相対的に上がるのは自然なことです。

2 「成功」ではなく「成長」にとらわれろ

成長マインドと固定マインド

残業代が少し増える、もらえる残業代の範囲でなるべく力を抜いて仕事をする……嫌々手がける残業仕事であっても、その対価として残業代がもらえるならば、人はそこに一種の「成功」を感じることができます。

ただし、はたしてそこに本当の満足感はあるでしょうか。仮にあるとしても、後ろ向きの姿勢で臨む仕事の対価として得られる残業代は、あくまでも小さな「成功」に過ぎません。

さらに言えば、会社で年次を重ねるごとに給料が増えていくとしても、それもさほど大きな「成功」とは呼べないかもしれません。

なぜなら、そうした「成功」は、自身の「成長」がなくても、またエンゲージメントを感じていなくても、ある程度は成し遂げられるものであり、さらにその先の広がりが想定できないからです。

前項でも書いたように、「成長」に向けた意欲を失うと、エンゲージメントは醸成されません。

必要なのは「成功」ではなく、「成長」を求める「成長マインド」です。成長マインドは、キャロル・S・ドゥエックが自身の著書『マインドセット「やればできる!」の研究』でも提唱した考え方で、エンゲージメントを高めるうえできわめて重要な鍵となるものです。

給料の面での「成功」を得るために必要なものは、上司の評価です。ある程度真面目に仕事をして、上司に気に入られ、それなりの成果も出していれば、上司は評価をしてくれるはずです。その結果、給料は多少なりとも上がることでしょう。

しかしこの場合、部下が上司に対して抱くのは「この上司は自分を評価してくれる。良い上司だ」という、あくまでも自分の都合に合わせて上司の存在意義を規定したものに過ぎません。これを「成長マインド」とは逆の意味の「固定マインド」と言います。

固定マインドと成長マインドという言い方を耳にしたことがある方もいると思います。どういう人が固定マインドを持っており、どういう人が成長マインドを持っていると言えるのでしょうか。

固定マインドは、簡単に言うなら「自分は変わらない」「自分は変われない」という考えを前提に置いた姿勢です。

反対に、成長マインドは「自分は変わる」「自分は変われる」という前提で臨む姿勢のことです。

自分はこれまで結果を出せたか、上司や同僚から評価されているか、優秀だと思われているか……これは固定マインドの特徴的な考え方です。このタイプは、仕事を完璧に成し遂げたとき、「自分は優秀だ」と実感する傾向がありますし、他人からも優秀だと評価されたいと常に願っています。

一方、成長マインドの持ち主は、変わりたい、成長したいという意識を常に持っています。

仕事で一定の成果を出したとき、成長マインドを持っていれば、結果を出せたか・出せないかにフォーカスするのではなく、「この仕事から何を学べたか」「この仕事をして得られた要素を自分の成長にどう活かせるか」と考えます。その結果、何か一つでも「自分はこの点で伸びることができた」「新しい成長のきっかけを得られた」「自分が一つ深くなった」と考えることができるのです。

難局でわかるマインドタイプ

難題に直面したとき、固定マインドと成長マインドでは、大きな違いが見られます。

固定マインドの人は、難題はなるべく避けたい、できれば取り組みたくない、無理をしないでコンフォートゾーン（心地のよい空間）にいたい……と考えます。そのコンフォートゾーンの中で、上司や同僚から優秀だと評価され、褒められる状態であり続けたいという思いを持つのが、固定マインドセットの特徴です。いわば、ひとまず安住できる現状を維持したいと願うのです。

対して成長マインドの人なら、難題をチャンスと捉えます。より高みを目指して常に取り組み、学んでいる。その状態にいる自分が楽しい……それが成長マインドセットを持つ人です。

上司は様々な場面で、部下を評価する言葉を語りますし、時に叱責することもあるでしょう。日頃の仕事においても、「キミはここをもっと直したほうがいい」「こういうところにもっと力を入れたほうがいい」など、上司から見たフィードバックを与えてくれることもあります。

ここで大切なのは、部下の側がそうした言葉を固定・成長のどちらのマインドで受け取るか、つまり部下側の受け取り方です。

固定マインドで受け取ると、上司が良い評価をしてくれたときは「良い上司だ」と思う半面、上司に怒られたときは「この上司とは合わない」「悪いところしか見てくれない」と考えてしまいがちです。これでは、その先の成長につながる要素を何一つつかむことができません。

一方、成長マインドで受け取るならば、「上司の指摘を次の成長の糧にしよう」「ヒントとして活かせる部分を見つけよう」と、その先の成長につながる要素をいくらでも見つけ出すことができるのです。

これを上司の立場から見るなら、上司としては部下の成長マインドにしっかりと訴え、成長のきっかけやヒントとなるような指摘を、なるべく具体的に提示するよう心がけるべきだと言えます。

成長マインドを持っている人は、エンゲージメントが高い人が多いでしょう。上司は、そうした部下の成長マインドを刺激することで、エンゲージメントをさらに高めることができるようになるのです。

3 「成長マインド」の育て方

成長マインドのトリガーは「目標」

成長マインドのトリガーになるのは「目標」です。人は自分がそうありたいと願う理想像を描き、それを目標として掲げると、現状とのギャップがおのずと浮かび上がり、「そのギャップを埋めよう」というマインドになっていきます。このように目標を掲げることで成長意欲を引き出す手法は、コーチングでもごく一般的なものです。

多くの人は「今よりよくなりたい」という願望を心の奥底に抱いています。どこに向かうのか、はっきりしなくてもかまいません。とりあえず自分らしくありたい、自分に正直でいたいと意識することが、成長マインドに切り替わるためのトリガーになります。自分らしさを掘り下げていった結果、仕事と関係のない趣味の分野でしか目標が見つからなかったという人もいるでしょう。

もちろん趣味は趣味で充実させて、自分を成長させていけばいいと思います。ただ、「だから仕事は適当でいい」「つまらなくても割り切って働けばいい」と考えるのはいかがでしょうか。

人生の大目標が仕事以外のところにあったとしても、仕事をしなくてよくなるわけではありません。人生の時間の多くを仕事に費やすのですから、今の仕事の制約の中で少しでも自分らしくいるためにはどうすればいいのか、自分の個性を鍛え、自分を成長させるにはどうすればいいのかと考えたいところです。仕事でも成長マインドになってエンゲージメントが高まることは、趣味の世界の目標にプラスにこそなれ、決してマイナスにはならないはずです。

目標を掲げて現状とのギャップを埋めていき、目標に一歩ずつ近づいていくと、いろいろな歯車がかみ合ってしっくりきている感覚が芽生え始めます。いま一度、こうありたいと思う自分の理想の姿を問うてみることが大切です。

4 エンゲージメントで「ポンコツ社員」がエースに変わる!

ポンコツ社員はなぜポンコツなのか?

目標に向かって頑張っているのに、しっくりとした感じがしなくて、むしろ日々ストレスが溜まっていく――。

目標を掲げることで成長マインドに切り替わるはずなのに、現実にそうなっていない人は、いま掲げている目標が本当に自分らしいものなのか、一度立ち止まって考えてみるといいでしょう。

大手食品メーカーの営業部門で営業事務として働く若い女性にコーチングしたときの話です。彼女は優秀で、上司からの信頼が厚く、たくさんの仕事を任されていました。ただ、あまりに仕事量が多く、彼女の能力では8割程度しかこなせませんでした。上司は部下にいじわるをしようと思ったわけではありません。むしろその逆で、彼女の能力を伸ばすためにあえて強めの負荷をかけていました。

本人もそれはよくわかっているようでした。

「私は与えられた仕事もこなせないポンコツ社員。そんな自分に期待してくれているのだから、何とか目の前の仕事を立派にこなせるようになりたい。それが今の目標です」

これだけ聞けば、成長マインドで日々、充実感に満ちあふれているように思えます。しかし、前向きな言葉とは裏腹に、彼女の表情はどこか冴えません。どうも言葉と真意の間にギャップとウソがあるのではないか。そう感じてさらに話を聞いていくと、

「どうしてもこなせなくてパニックになる」

「このまま続けても成長できる気がしない。きっと私はポンコツのまま……」

と苦しい胸の内を明かしてくれました。成長を口にしつつも本当は固定マインドに染まっていて、そのギャップに疲れ果てていたのです。

では、目標を掲げているのに本当の意味で成長マインドにならないのは、どうしてでしょうか。

それは目標が自分らしいものではなかったからです。

彼女と共に彼女の強みを分析してみると、人見知りをしないことや人の心に寄り添える点が彼女の強みだとわかりました。営業部門でも、営業事務は事務作業が中心で、コミュニケーション力が活きる仕事ではありません。そのあたりに行き詰まりの原因があるのではないか。そう判断して「本当はどんな仕事をしたいのか」と水を向けてみると、次のような答えが返ってきました。

「もともと人と話すことが好きなんです。だから受付や営業など、お客様と直接接する仕事をしてみたい。でも、私は営業事務ですから……」

原因ははっきりしました。彼女が成長マインドになれないのは、自分がこうありたいと願う姿とは別の方向の目標を掲げていたから。そもそもの目標設定が間違っていたのです。

理想はズバリ、受付や営業の職種に転職することです。ただ、転職となると考慮しなければいけない事情も多く、そう簡単に決断はできません。

そこで「営業事務でも、お客様と接する仕事があるはず。一度、上司に相談してみては」とアドバイスしました。

実際、上司に直談判したところ、思いがけない答えが返ってきたそうです。

「お客様と話す仕事をしたい、少しずつそういう仕事を増やしてもらえないかと相談したら、『もっと早く言ってほしかったな。実は営業の人材が足りない。事務はほかの人でもできるから、こっちの仕事を中心にやってもらえないだろうか』と言ってもらえました。おかげさまで、今は営業で頑張っています。ダメモトで言ってみて本当によかったです」

話によると、今や彼女は部署で一、二を争う成績を残しているのだとか。強みを活かした仕事で活躍して、表情も打って変わってイキイキとしていました。

目標に心から納得できているか

目標に向かって努力しているのに成長マインドになり切れていない人は、かつての彼女と同じように、目標と自分のなりたい姿にズレがあるのかもしれません。

彼女は上司に期待される姿を自分のなりたい姿とすり合わせすることなく、そのまま受け止めて自分の目標にしていました。部下の強みを把握して活かそうとしなかった上司にも、もちろん問題があるのですが、「自分はポンコツ社員だから」と決めつけて受け身になっていた彼女の固定マインドも、目標設定を誤らせた要因の一つでした。

エンゲージメントを高めるには、自分が心から納得できる目標を掲げることが大切です。

目標に向かって自分を成長させることにかえって苦痛を感じている人は、次のように問い直してみましょう。

会社や上司から与えられた目標は、自分のなりたい姿に寄り添ったものなのか。そうでないなら、こちらから会社や上司に働きかけて、目標のすり合わせをしているか。

直近の目標が変えられないのだとしたら、与えられた役割の中で、どうやって自分らしさを出していくのか。

これらを問うことなく流されるまま仕事をしていても、仕事の醍醐味は味わえません。出発点は、あくまでも自分の理想像。その姿に向かって自分は変わっていけると信じて頑張っていけば、自分が成長し、目の前の仕事も輝きを増してくるのです。

5 「働き方改革」で職場は救われるか？

残業がなければ職場は楽しいか？

「今日も残業でヘトヘトですよ。あーあ、いつまでこんな〝つまらない仕事〟を続けなきゃいけないんですかね」

「ホント、やってらんないな。辞めたいところだけど、そんな能力もない。明日も仕事だと思うと憂鬱になるよ」

あるとき居酒屋で、隣の席にいたサラリーマンたちのこんな会話が聞こえてきました。年齢は30〜40代くらい。まだ何も知らない若手ではなく、それなりの経験を積んでいる中堅社員たちでした。

このまま愚痴がエスカレートするのかと思いきや、50代くらいの先輩社員が次のようにフォローしていました。

「サラリーマンはそんなもんさ。でも、今が我慢のしどころだ。先月定年になったAさんの退職金、知ってるか？　なんだかんだ言って、うちの会社はきちんと報いてくれる。たとえ心底つまらない仕事でも、頑張っていれば、後でいい思いができるよ」

ベテラン社員のアドバイスを聞いても、中堅社員たちはどこか釈然としない様子。ため息をつきながらジョッキを次々と空にしていました。

その様子を見て、30年くらい前のバブル崩壊前後と日本企業は本質的には変わっていないのではないか、と感じてしまいました。昔から日本企業では、目の前の仕事に情熱が持てない若手社員が、そのことをボヤくと、ベテランの先輩が「我慢すればそのうちいい思いができる」と諭すのはお決まりのパターンでした。

私たちも若手社員だった頃、そうした経験をしたことがあります。ただ、当時はうまく言葉にできませんでしたが、今ならベテランの先輩に、はっきりとこう言えます。

つまらないと思う仕事を、ただ我慢して頑張っても、成長にはつながらないし、幸せにはなれませんよ、と。

ベテランの先輩が「我慢しろ」と言ったのは、とにかく頑張って結果を出せば、それなりのポジションに出世して幸せになれると信じていたからです。

しかし、これは因果関係が逆です。心理学者ショーン・エイカー博士の研究によると、人は「成功して幸せになるのではなく、幸せを感じられる人が成功する」という傾向があるそうです。つまり、仕事を嫌々やっている限り、どんなに頑張ったところで成功するのは難しく、成長にもつながらない。つまり幸福感は得られないのです。

残念ながら、日本の幸福度は高くありません。2019年度の世界幸福度ランキングで、日本は世界156カ国中58位。これはG7、さらにG10の中でダントツの最下位です。一方、日本男性の一日の平均労働時間は375分（休日も含む。OECD、2014年発表）で、OECD諸国で最長です。長時間労働までして頑張っているのに、それが個人の幸せにつながっていないのです。

考えてみれば、当たり前の話です。〝つまらない〟と感じる仕事に毎晩遅くまで従事していれば、エンゲージメントは下がります。エンゲージメントが低ければ、生産性が落ちて成果は出にくくなりますし、何より自分も成長できません。それを量でカバーしようとして残業を増やせば、さらにエンゲージメントが低くなっていく……。エンゲージメントは幸福感とも相関しているので、この悪循環から抜け出さない限り、幸せは遠のいたままです。

ところで、どうして日本のビジネスパーソンは長時間労働に勤しむのでしょうか。

生産性の低さを量でカバーする目的もありますが、根底にあるのは、長く働くことが努力の証明になるという考え方ではないでしょうか。

同じ成果を出した二人がいたとします。成果が同じなら、短時間でそれを成し遂げた人のほうが本当は優秀なはずです。ところが、日本の組織では、長く働いた人のほうを「よく頑張っている」と評価してしまうことが多いのです。その結果、中身はないけど頑張っているフリをする〝エア残業〟が日本社会にはびこるようになりました。

長時間労働しないヨーロッパの中でも特に労働時間が短いドイツ人は、15時には仕事を終えて帰る人が少なくありません。一方、日本のビジネスパーソンは定時まで力を温存しつつそこそこに仕事をして、17時から本番を迎えます。これも頑張って残業することが評価につながるからです。

みなさんは努力をアピールするために、無意味な残業をしていないでしょうか。そんなことをしても成果につながらず、幸せも近づいてこないことを知るべきです。

長時間労働より低エンゲージメントが悪

つまらない仕事を長時間やるのがよくないなら、時短で早めに切り上げるのが正解でしょうか。

いま日本では政府主導で「働き方改革」が進められ、長時間労働の習慣にメスが入りました。6カ月平均で1日8時間以下、繁忙期でも1日10時間以下に労働時間を抑えないといけないドイツには及びませんが、日本もそれまで実質的に青天井だった残業に上限ができて、世論もそれを歓迎しているようです。

しかし、労働時間を短くすれば本当に幸福度向上につながるのでしょうか。

仕事で感じるストレスは二つの種類があります。一つは、肉体的なストレス。もう一つは、精神的なストレスです。残業をやめて早く帰り、睡眠時間をしっかり確保すれば、肉体的な疲労は軽減できます。その意味で、肉体に過度な負担がかかる長時間労働は私たちもいけないと思います。

一方、精神的な疲労はどうでしょうか。これに深く関係しているのが、エンゲージメントです。たとえ9〜17時できちんと帰っても、つまらないと思って我慢して仕事をしていればストレスがかかるものです。もちろん苦痛を感じる時間は短いほうがいいので、働き方改革に精神的ストレスを軽減する効果がないとは言いません。しかし、本質はつまらないと感じるかどうかであり、時間は副次的な要素に過ぎません。

逆にエンゲージメントが高ければ、労働時間は気にならないものです。著者の私たちも普段はあまり時間を気にせず働いていますし、お正月などで長く出社しない期間があると早く仕事をしたくてウズウズします。

働き方改革の中には、高度プロフェッショナル制度のように、時間にとらわれずに働きたいというニーズに応える仕組みもあります。ただ、それも職種や年収の条件つきであり、条件に当てはまらない人は好むと好まざるとにかかわらず時間の縛りがあります。

繰り返しになりますが、睡眠をとっても体力や集中力が回復できないレベルまで長く働くのは、私たちも反対です。健康を害してまで働くのは、さすがにおかしい。しかし、健康がキープできるなら、もっと本人に労働時間を任せるべきではないでしょうか。

優秀な若手社員が外資系証券会社に多く転職してしまうことに悩んでいる、日系の大手金融機関があります。その企業は名門として広く知られていて、他社でも引く手あまたになるような優秀な人材が多数入社しています。社員たちに話を聞いても、「この会社なら成長できそう」と成長マインドを持って入社してきた若手が大勢いました。

ところが、その若手たちが昨今の働き方改革に不満を持っています。時短で早く帰らされるため、成長の機会を奪われたというのです。

実際、その会社からは外資系証券会社への転職が相次ぐようになってしまったのです。外資系証券会社も法令は遵守しているものの、日系企業よりも個人の裁量で長く働くことが可能です。経験を積んで成長につなげたいと願う若手にとっては、魅力的な職場に映るのでしょう。

働き方改革を全否定するつもりはありません。しかし、エンゲージメントの観点から言うと、むやみやたらと一律に時短を推し進める現在の風潮には首をかしげざるを得ません。

労働時間については、エンゲージメントの観点から成長を強く望む人の欲求に応えて、自由に働ける柔軟な環境を整えるべきです。また、働く人の精神的ストレスをケアしたいなら、労働時間を短くするよりエンゲージメントを高めることに注力したほうがいいと思います。それが本当の働き方改革ではないでしょうか。

6 社員に「成長」を意識させる企業は強い

エンゲージメントとバーンアウト

精神的なストレスなくイキイキと働くためには、労働時間の長さよりエンゲージできているかどうかが大切です。いくら短時間でも仕事がつまらないと感じていればストレスが溜まり、逆に仕事が楽しければ多少は長く働いても精神的な疲れが蓄積していくことはありません。

ただ、がむしゃらに働いていたのに、ある日突然、風船がしぼむようにして気持ちが萎えてしまうこともあります。第1章でも触れた、いわゆるバーンアウト（燃え尽き症候群）です。エンゲージメントが高いまま働き続けられる人と、バーンアウトする人の違いとはいったい何でしょうか。バーンアウトする人の働き方は、実はエンゲージメントではなく、ワーカホリックなのです。ワーカホリックな働き方をした結果、バーンアウトしてしまうのです。

ワーク・エンゲージメントの高い働き方と、バーンアウトを招くワーカホリックな働き方は、どちらも本人は仕事に情熱を傾けており、労働時間の長さもあまり気にしません。仕事には困難がつきものですが、難局にあってもへこたれず、何とか解決策を見出そうと努力するところはよく似ています。

似ているのは当然と言えば当然です。ワーク・エンゲージメントを最初に提唱したのは、第1章でも紹介した、オランダの心理学者シャウフェリですが、シャウフェリはそもそもバーンアウト研究の第一人者であり、ワーク・エンゲージメントもバーンアウトの対概念として生まれてきたことは、すでに述べた通りです。それらを活動水準と仕事をしている状態の快・不快の軸による4象限に当てはめたときに、エンゲージメントとともに活動水準が高いのがワーカホリックなのです。

では、ワーク・エンゲージメントとワーカホリックの違いはどこにあるのでしょうか。ワーク・エンゲージメントは自分の欲求に従ってイキイキと働いている状態である一方、

ワーク・エンゲージメント（ウィルマー・シャウフェリ博士による）

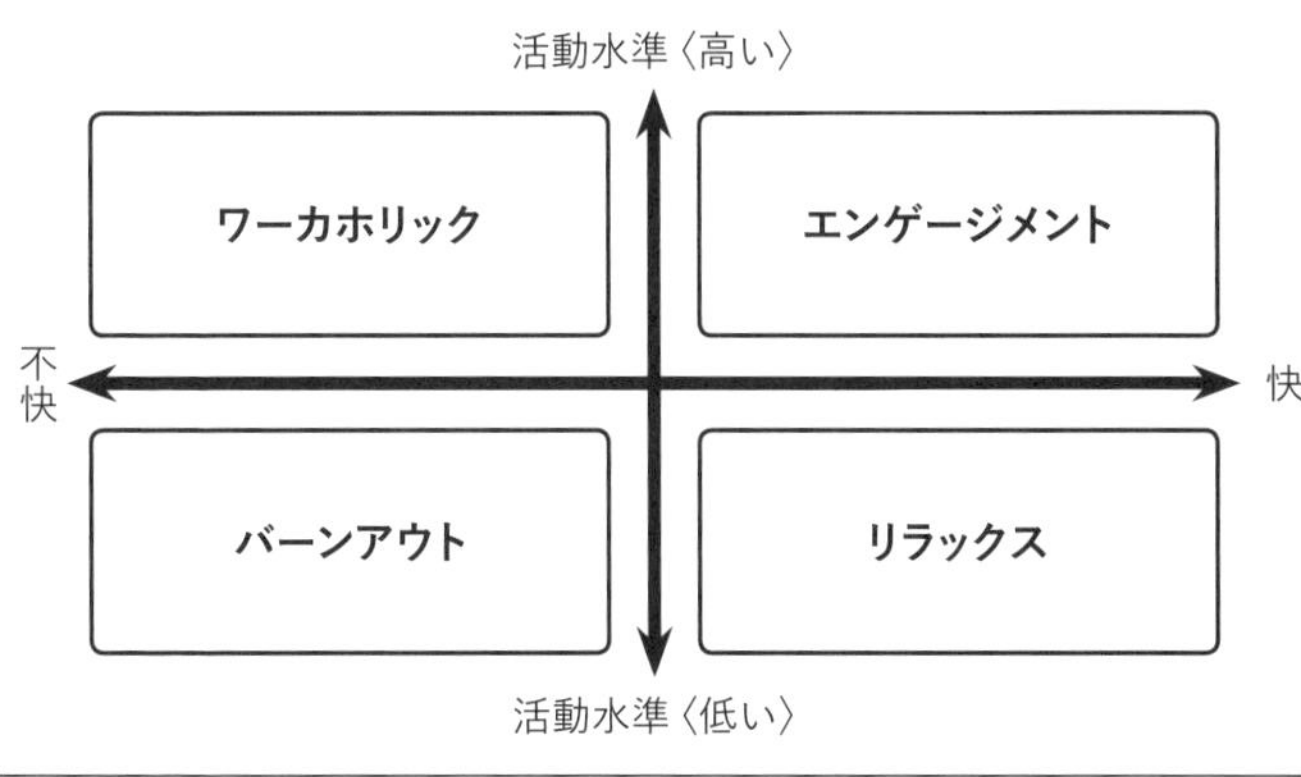

ワーカホリックは仕方なく多くの時間とエネルギーを仕事に費やしている状態です。ワーク・エンゲージメントは自らの意思で動いているのでその後も問題なく継続的に仕事ができますが、ワーカホリックは実は自分の欲求とは反対のベクトルの心理状態のまま働き続けていますから、じきに無理がたたって、燃え尽きて（＝バーンアウトして）しまうのです。

シャウフェリ教授は、バーンアウトの特徴として、「疲労感」「皮肉感（仕事や会社に対する嫌悪感や、それを自覚しつつも働き続ける自分に抱く自嘲的な感覚）」をあげています。つまりワーク・エンゲージメントが高い状態と同じように情熱的に働いていても、それらの感覚を持っていればバーンアウトするおそれがあります。

ここで考えなくてはいけないのは、バーンアウトにつながる疲労感や皮肉感がどこから生じるのかという問題です。

疲労感や皮肉感を左右する重要なものに対価・報酬と公平感があります。人間関係で考えてみましょう。自分と相手が同じ方向に向かって歩いていれば、目標達成のための行動は相手の利益になると同時に自分の利益にもなります。しかし、同じ目標に向けて歩いていたはずなのに、利益を得るのは相手だけで、自分は相手の都合のいいように利用されていただけだとしたらどうでしょうか。二人のためになると思って時間や労力を注いだのに、自分だけ対価を受け取れなければ、おそらくむなしさが募るはずです。

これは仕事についても同じです。自分は会社に貢献しているつもりなのに、それに対して正しい対価や報酬が支払われない――。この報われない感覚が疲労感や皮肉感のもとになり、成長欲求を削いで、バーンアウトを引き起こすのです。

燃え尽き症候群を防ぐ3つの要素

仕事に前向きに取り組んでいても、報われない感覚があると結果的に燃え尽きてしまう

（バーンアウト）リスクがあります。

では、バーンアウトを防ぐために、企業は働く人にどう報いればいいのでしょうか。

いま人事の世界で注目されているのが「リテンションマネジメント」です。リテンションは「保持」「維持」を意味する言葉で、リテンションマネジメントとは、ひらたく言うと「社員を会社に引き留めるためのマネジメント」のことです。

リテンションマネジメントが注目される背景には、近年の人手不足があります。また、転職市場が整ってきて、昔に比べて転職がしやすくなったことも大きく影響しています。いずれにしても社員の離職は企業にとって大きな痛手。キャリアアップのための離職ならば影響は限定的ですが、バーンアウトして辞めていく〝疲弊退場型〟の退職は連鎖しやすく、放置していると大量離職につながる可能性もあります。

離職を防ぐために会社や上司が意識すべきことは3つあります。「業務を任せること」「リテンションを意識すること」「成果に基づく評価をすること」です。

労働に対する最大の報酬は、仕事がうまくいくことです。いくら努力したり工夫を重ねたりしても結果が出なければ、最初は前向きに取り組んでいた仕事にも飽きや徒労感が生じます。もちろん誰でも簡単に達成できるイージーモードの仕事にも張り合いはありません。自分が成長すれば乗り越えられるレベルの仕事を任せて、達成感や自分が成長した感覚を味わわせる。これは何よりの報酬になります。

困難に立ち向かう過程で肉体的、精神的にストレスが溜まり、心がくじけることもあります。それをケアするためには、リテンションを意識して部下を褒めることが大切です。自分がやったことや仕事に向かう姿勢を褒めてもらうのは、誰にとっても嬉しいこと。特に承認欲求の強い若手にとっては、これは重要な報酬の一つです。

ただし、とにかく何でも褒めればいいという話でもありません。成果が出ていないのに褒めるとウソくささが生じて、逆効果になるおそれもあります。褒めたことに説得力を持たせるには、納得感のある公正な評価制度が必要です。

これらの3つの要素のバランスが取れていると、部下は報われている感覚を持ちやすくなります。報われる感覚があれば疲労感や皮肉感は生じず、バーンアウトするケースも減るはずです。そして、この状態が続くことが社員と会社の成長につながっていくのです。

納得感のある評価制度のつくり方

実際、社員の成長意欲が活発でエンゲージメントが高く、疲弊退場型の退職が少ない会社の多くは、褒める仕組みや納得感のある評価制度が整えられています。

納得感の高い評価制度を導入している企業の一つがグーグルです。どれだけパフォーマンスを出したのかというKPI（重要業績評価指標）も評価対象になっていますが、根底にあるのは、「Googly（グーグルらしさという意味の造語）」の評価だそうです。グーグルらしさに明確な定義はありませんが、話を聞いていると、従業員は個人プレーではなくチームワークを重視して働くことをグーグルらしいと捉えているようです。

興味深いのは、それを360度、つまり上司だけでなく、同僚や部下も評価するという点です。たとえばチームワークをうまく促せず、メンバーの能力を発揮させられないマネジャーは、部下から悪い評価を下されます。上からだけでは一面的になりかねない評価も、360度で見ることで、より公平なものになる、という考え方のようです。

そうした評価が全員にフィードバックされることも特徴の一つと言われています。最終的な評価だけが伝えられるのではなく、何がどう評価されたのかを確認できるので、次の期に改善すべき点がはっきりとわかります。成長マインドを持つ人は、上司から足りない点を指摘されたとき、それを受け止めて理想の自分に近づく努力をすることができると言いました。従業員全員に評価をフィードバックしてくれるグーグルは、成長マインドの人にとって理想の環境と言えるでしょう。

東京ディズニーリゾートを運営するオリエンタルランドの評価制度も注目です。同社は以前、行動評価の項目が20前後ありました。詳細に評価ができていいような気もしますが、現場の声は逆でした。項目が20もあると、いちいち覚えていられません。その結果、普段は行動評価を意識することなく働いて、評価の時期になって「そういえば自分は今期、どの項目を頑張ろうとしていたんだっけ？」と慌てて振り返っていたそうです。

何が評価対象になるのか忘れてしまう状況は、納得感以前の問題です。そこで同社は評価制度の見直しを行い、20前後あった項目を3つに絞り込みました。「より良く・やり切る・一丸となって」の3つです。難しい漢字や横文字ではなく、シンプルで親しみやすいワードにした効果もあり、この3つはすぐに現場に浸透しました。社員のみなさんは普段から「現状に甘んじることなく、より良いサービスを提供するためにチャレンジしているだろうか」「ゲストのために最後まで諦めずにやり切っているだろうか」と意識して仕事に向かい合っています。

ちなみに管理職一歩手前のリーダー層からは、この3つが実践できていることを前提に「掘り下げる・決め切る・引っ張る・育てる」の4つで行動を評価します。それでも合計7。

旧制度に比べるとシンプルでわかりやすく、目標にコミットしやすいでしょう。

ここまでご紹介した企業は、従業員が組織に貢献すれば、まわりから褒められたり正しく評価される仕組みが整えられています。そうした仕組みによって働く人がきちんと報われる感覚を持てれば、バーンアウトするのではなくエンゲージメントの高い状態を保つことができ、さらに組織に貢献してくれます。

褒められたり正しく評価される環境があることは、働く人の成長マインドも促します。一人ひとりが成長マインドで仕事に取り組めば、組織としても成長しやすくなります。マネジメント側の責任は重大です。一人ひとりのエンゲージメントに気を配ることも必要ですが、その前にまず成長マインドを持てる文化や制度を整えること。その前提があって従業員のエンゲージメントは高まるのです。

7 シニア成長の秘策「鷹のクチバシ磨き」

成長する中高年に共通の思考

成長マインドを持つことで人は変化して、自分や組織を成功へと導くことができます。実際、ビジネスパーソンとしての「伸びしろ」が大きい若手の時代は、そのことを実感しやすいはずです。

難しいのは、中高年になって成長のための伸びしろが減ったと感じてきたときです。多くの企業は60歳定年で、定年延長も65歳まで。40~50代に入ると先が見えてきて、経営陣になる一部の人を除き、ほとんどの人はそれ以上の出世も望めなくなります。

現状維持ができるなら、まだいいほうです。体力は年々なくなっていき、昔は簡単にできたことができなくなったり、同じことをやるのに何倍も時間がかかったりします。そのような体験を重ねるうちに、「自分はもう成長できない」と固定マインドになってしまうのは無理からぬことかもしれません。

しかし、シニアになるにつれて自分が成長できないように感じるのは、本当にポストが減ったり体力が落ちるせいなのでしょうか。

周りの環境や肉体的な衰えが無関係とは言いませんが、固定マインドに陥る最大の要因は、やはり本人の心の持ちようです。シニアになっても自分が成長できると思えば成長マインドになり、自分は変われないと思えば固定マインドになります。そして、それはいつでも自分の意思で選択できるのです。

本当は選べるのに「自分は変われない」と思い込むのは、自身がこれまで積み上げてきたものが何よりも価値があると信じ、それを守りたいからでしょう。

自分に変革を起こすことは、これまでの人生で培ってきた方法論や価値観を一部否定することでもあります。変革した結果、新しいものが確実に手に入るならいいですが、保証されているわけではありません。場合によっては過去の自分を否定して終わりになってしまうこともあり得ます。

その意味で、自己否定はたしかに勇気がいることです。特にそれまでの人生で自分を成長させてきた成功体験がある人ほど変革のリスクは大きく、守りに入ってしまうことも理解できます。

しかし、周りの環境や肉体的な変化を考えれば、かつての成功体験が役に立たなくなることは薄々わかっているはずです。シニアになっても成長を続けるには、勇気を出して過去の自分を壊す必要があるのです。

鷹のクチバシの例えをご存じでしょうか。

鷹の寿命は70年ほどです。しかし、多くの鷹はその半分ほどの歳月しか生きられません。原因はクチバシにあります。鷹のクチバシは年齢とともに伸びてきますが、伸び過ぎると開けづらくなり、食べることができずに衰えて死んでしまうのです。

では、70年生きる鷹はどうして長生きできたのか。それは岩山に飛び、自らクチバシを岩に叩きつけて砕くから。いったんクチバシは使い物にならなくなりますが、しばらくするとまた新しくクチバシが伸びてきて、食べることができるようになります。勇気を持ってクチバシを砕いた鷹だけに、未来は開けていたのです。

この生態が本当の話なのか、あるいは誰かがつくった寓話なのかはよくわかりません。しかし、シニア世代の生き方を考えるうえで示唆に富んだ話だと思います。

鷹のクチバシは、シニア世代が持つプライドのメタファーです。年齢を重ねるほど成功体験が積み重なってプライドは肥大していきますが、ある程度の年齢になると、そのプライドが自らの首を絞めるようになります。成長マインドを取り戻すには、岩山に飛んだ鷹のように、過去に自分が積み上げてきたものを勇気を出して打ち砕かなければいけません。使えなくなりつつあるクチバシを後生大事にするのか、砕いて新しいクチバシが伸びてくることに懸けるのか。それを選ぶのは自分自身です。

複雑な処理は中高年の得意技

「成長マインドになるかどうかは自分次第と言われても、現実に会社にポストはなく、活躍の機会がないじゃないか」

そのようにボヤくシニア世代の方もいるでしょう。

ただ、それも考えようです。

「履歴書の人生から、追悼文の人生へ」

という言葉があります。

若い時期は多くの人が履歴書をよくするため、つまりキャリアアップするために頑張ります。キャリアアップすることで自分を成長させて、それが社会の貢献につながるなら、とても素晴らしいことです。

ただ、人生の意味は履歴書をよくすることだけではありません。たとえ自身の履歴書は華々しくなくても、後進を育てたり地域に貢献することで、社会に何か残すことはできます。最終的に自分のお葬式で遺族や参列者が褒めてくれるのは、おそらく後者のほうです。シニア世代にとっては、追悼文の中身が充実するような生き方のほうがずっと大事です。

そもそも社会から求められる役割は年齢とともに変わっていきます。現役世代のときは企業の中でビジネスパーソンとしてリーダーシップを発揮することが求められますが、シニア世代になると、目先の利益にとらわれない、社会的に価値のある場面でのリーダーシップを求められます。

にもかかわらず社内でのポストに拘泥するのは、自分の役割を自ら矮小化するようなものです。シニアにはシニアの活躍の場があるのですから、そちらで思う存分に新しい自分を成長させていけばいいのではないでしょうか。

また、「肉体的な衰えがあるから成長できない」という先入観も捨てるべきです。

たしかに体力に関しては、加齢に抗うのは難しいと思います。ただ、脳の使い方は中高年になってもバージョンアップが可能です。『年をとるほど賢くなる「脳」の習慣』（バーバラ・ストローチ著）によると、人間の脳は中年に達すると再構成が始まり、世界を達観できて幸せを感じるようになるそうです。別の言い方をすると、今まで「木を見て森を見ず」

だった状態から「森が見える」状態になり、物事の全体像を把握できて、いい意味で些細なことが気にならなくなっていきます。

バーバラ・ストローチは、シニア世代のそうした脳の力を次のように表現しています。

「中年脳になると、若者よりも、複雑な課題をたやすく処理することができるようになる。つまり、混沌の中から解決策を見出し、無視するべき人物や事件を見定め、障害物をさけるために曲がるタイミングを見極めることができる」（『年をとるほど賢くなる「脳」の習慣』より）

単純な処理能力は若い人のほうが優れているかもしれませんが、複雑な物事の処理は、むしろシニアの脳のほうが得意なのです。

これらのことを考えると、「シニアになれば成長しても能力を発揮する機会がない」「フィジカル的に衰える一方だ」というのは単なる思い込みに過ぎないことがわかります。成長する場や成長する能力はかつてと異なるかもしれませんが、視点を変えれば、いくらでも成長は可能なのです。

みなさんが幼かった頃、子供にはできないことを軽々とやってしまう大人を見て「自分も早く大人になりたい」と思った経験はないでしょうか。

シニア世代の方々がさらに自分を成長させていたら、今の現役世代たちも同じようにシニアになることに対して憧れを持ち、むしろ年齢を重ねることが楽しみになるはずです。成長するのは自分次第、というのは、決してキレイごとではないのです。現役世代のいいお手本でいてもらうためにも、シニア世代の方にはキラキラと輝いていてもらいたいものです。

第4章

仕事は一人では出来ない

人間関係がエンゲージメントを築く

1 「職場に友達はいらない」の嘘

職場に親しい友人はいるか？

あなたの職場には、親しい友人と呼べる人がいますか？

このように聞かれたら、みなさんはどのように答えるでしょうか。

「仕事は遊びじゃないのだから、友人の有無を聞くことがおかしい」

「家族や趣味の友人がいれば十分。職場での友人なんてほっといてくれ」

友人がいるかいないか以前に、この質問に疑問を感じて異議を唱える人は多いでしょう。

職場に友人がいることと仕事の成果とは、本当に関係があるのでしょうか。

答えはイエスです。「職場に友人がいる」と答えた人が多い職場は生産性が高いという

コンサルタント会社の調査結果もあるほどです。心を許し合える友人が職場にいることは、

個人の、そしてチームのパフォーマンスを高めるのです。

職場で楽しく遊ぶわけではないのに、なぜ友人の有無と生産性に相関があるのか。

まず、まわりに親しい友人と呼べる相手がいない職場では、仕事上の悩みが発生しても、

誰かに腹を割って話すことができません。仕事上の悩みなら上司に相談するのが筋かもしれませんが、上司には言いづらいことや、まだ話すべきタイミングではないこともあります。また、家族や社外の友人に相談することもできますが、社内の事情を知らない人からは理解されず、かえってストレスが溜まるおそれもあります。

自分と同じ背景を持ち、同じ目線の高さで話を聞いてくれる友人がいれば、少なくとも一人で悩まなくて済みます。一緒に悩んでくれる人がそばにいれば、たとえ悩みを解消できなくても、心強いはずです。

仕事がうまくいっているときも、友人の存在は重要です。目標に向かって頑張っているのに誰からも努力を認められないと、張り合いがないものです。お互いに認め合える友人がいればこそ、現状で満足せずにさらにもう一歩頑張ろうと思えます。

そうやって何でも話し合える友人がいる組織には、愛着が湧きます。愛着はエンゲージメントの重要な要素でもあります。エンゲージメントが高ければパフォーマンスも高まるので、組織に親しい友人がいれば成果も出やすくなるのです。

そのことを踏まえて、あらためて自分に「今の組織に友人と言える人はいるか」と問うてみてください。

「組織」や「友人」を厳密に定義する必要はありません。今は同じオフィスでなくて遠く離れた別の事業所にいる友人でも、困ったときにコミュニケーションが取れるなら、同じ組織とみなしていいでしょう。また、友人は同期に限りません。入社年次や世代が違っても、自分が友人だと感じたら友人です。

一人も顔が思い浮かばないとしたら要注意です。自分でも気がつかないうちにエンゲージメントを下げているおそれがあります。

〝孤独のワナ〟にはまった優秀な部長

自分は精神的に強くて自立した人間だから、職場に友人なんていらない。人に頼る気持ちが、かえって自分の甘さを生み、パフォーマンスの低下につながる――。

仕事がデキる人たちの中には、このように自分の能力やスキルを信じて、むしろ孤高の存在であろうとする人もいます。このタイプの人たちは実際に優秀で、努力家であることも多いです。ですから、孤独だから即、仕事がデキないというわけではありません。エンゲージメントは低いものの、それを補って余りある能力で頭角を現すこともあります。

ただ、ずっとその調子を保ったまま、キャリアを全うできるかどうかは別の話です。

大手消費財メーカーに、とても優秀な営業部長がいました。海外経験が豊富で海外名門大学のMBAホルダーでもあり、人が羨む学歴、職歴を持っています。経歴に違わぬ実力も兼ね備えていて華々しい成果も出してきました。

しかし、彼が活躍できたのは、営業部長になるまで。その後は社長から直々に部長失格の烙印を押され、50代半ばで他社に転職していきました。

なぜ彼は頭打ちになったのか。それは社内で、いい人間関係を構築できなかったからです。

一般社員なら部門内でほぼ完結する仕事が大勢を占めます。しかし、課長や部長になると、逆に課や部の責任者として他部門に説明したり交渉する仕事が中心になっていきます。営業部もマーケティング部門との関係を密にする業務であり、企画によっては技術部門やサービス部門とも連携します。ところがその部長は他部門と信頼関係を築けず、営業部門が社内で浮いてしまったのです。

原因は、人を人とも思わぬ彼の態度にありました。

営業主導の大型企画が持ち上がったとき、他部門から協力を得るためには言葉を重ねて説明するのが本筋です。しかし、彼は自分の仕事に絶対の自信を持っていて、「いい企画なのだから、理解しないほうがおかしい」という態度で会議に臨みます。すると、他部門からは反発を食らいます。そこで自分の至らなさに気づけばまだいいのですが、彼は追い打ちをかけるようにこう言い放つのです。

「企画を主導するのがこっちの仕事で、補佐するのはそちらの仕事。義務なんだからやってください」

これでは他部門が快く協力してくれるわけがありません。最終的に業務として引き受けたとしても、その企画に対する他部門のコミットメントは低いままです。その結果、営業部門提案の企画はことごとく失敗に終わりました。

部長会議でも雰囲気は最悪でした。営業部長は、企画が失敗に終わった責任を他部門に求めます。当然、他部門の部長は「うちはちゃんとやっている。あなたのところが悪い」と抗議する。責任のなすりつけ合いです。

説得力があったのは、他部門の主張のほうです。その理由は、お互いを責め合った結果、営業部のメンバーのパフォーマンスの低さが露呈したことです。実際、営業部内のありさまはひどいものでした。部長は部下たちに対しても心を開かず、「つべこべ言わずにやれ」という態度。やらされ仕事だと感じた部下のエンゲージメントは著しく下がりました。そのうちに営業部門のメンバーたちは手を抜くようになり、企画もありきたりのものしか上がってこなくなりました。

とはいえ、営業部長は弁が立つため、会議では巧みに自己防衛しつつ他部門を攻撃します。会議のほとんどの時間がお互いの罵倒に費やされ、生産性は高まりませんでした。営業部長が台風の目になって、社内を混乱に陥れている。そう判断した社長は、部長の中でも営業部長に最低の評価を下しました。成長マインドがあれば、そこで反省してやり直せたかもしれません。しかし、固定マインドの彼は「自分は正しい。社長もわかっていない」としか思わなかった。更迭される前に自分から会社を出ていき、他社の営業部門に転職していきました。

転職先でも人間関係で苦労しているようですが、その後の詳細はわかりません。少なくとも活躍している話は伝わってこないので、頭打ちになったのでしょう。

いくら能力が高くて優秀でも、一人でやれることには限界があります。チームや組織として成果を出し続けるには、職場に協力者が必要です。そのことを理解せずに独善的な態度で仕事をしていれば、周囲からそっぽを向かれて自分で自分の首を絞めることになります。彼が会社を去るはめになったのは必然だったのです。

彼はストイックで、真面目な男ではありました。しかし、自分に向けている厳しさを、人にも向けるべきではなかったのです。

もちろん仕事ですから、厳しさは必要です。ただ、厳しさ一辺倒では周囲が心理的な壁をつくってしまい、信頼関係を構築できなくなります。最低限の厳しさを持ちつつも、一方で緩さを持ち、他の人が近づきたくなるような空気をつくっていく。硬軟両方を兼ね備えてこそ、真のリーダーになれるのではないでしょうか。

周囲との壁がチャンスを遠ざける

孤独を好んで人を寄せつけない振る舞いは、一般社員にとってもマイナスに作用します。たとえば「自分に向き合い、やるべきことに集中する」といって他の人の話に耳を傾けない人がいますが、本当にそれで成長できるでしょうか。

自分に向き合っている状態は、セルフ・エンゲージメントが高く、一時的にパフォーマンスも上がります。ただ、そもそも他の人の話に耳を傾けない人が、本当に自分に向き合っていると言えるのか疑問です。他の人は客観的な視点で、あなたの足りないところを指摘してくれているかもしれません。その声をシャットアウトするのは、本当の自分から目をそらしているだけ。セルフ・エンゲージメントの高さも見せかけで、心から自分を信じることはできないでしょう。

他の人の声は、自分の可能性を広げてくれるチャンスでもあります。たとえば、上司が部下の適性を見抜いて、それまで経験したことがないプロジェクトにアサインしようとする場面。このとき「自分のやりたいことではない」と断ると、本来は花開くはずだった能力が開発されずに終わります。そうやって拒絶を続けると、いずれは誰からも誘われなくなり、新たな自分に出会うチャンスがますます遠のいていきます。

自分と周囲の間に壁をつくると、雑音から自分を守ってくれるように感じるかもしれません。しかし、その壁は、自分を現状に閉じ込める強固な殻にもなります。殻を広げて成長するには、そもそも壁をつくらないことが大切なのです。

「孤独は自己責任」なのか?

人間関係が希薄で、周りに友人と呼べるような相手がいない職場では、個人もチームもパフォーマンスが高まりません。この状態を放置するのは、会社にとってもよくないことです。「仕事さえきちんとしてくれたら社員間の人間関係などどうでもいい」とドライに考えるのではなく、社員のエンゲージメントを高めて組織の目標に貢献してもらうために、会社が率先して「友人が自然にできる職場づくり」をしていくべきでしょう。

ただ、残念ながら今の日本の会社は、友人ができる職場づくりにそれほど熱心ではないようです。かつての日本企業は家族主義を掲げて、社員の親睦のために運動会や社員旅行などのイベントを積極的に行ってきました。しかし、いつしかそうしたイベントは社員から敬遠されて、会社も腰が引けるようになりました。

会社単位だけではありません。部署単位の飲み会も減少傾向にあり、近年は「飲みにケーション」という言葉も死語と化しています。良くも悪くも濃い人間関係が特徴的だった日本企業で、なぜ職場に友人は不要という考え方の人が一定数いるようになったのか。

ヒントになるのは、イギリスの『エコノミスト』誌が行った孤独についてのサーベイです。「あなたは、孤独は自己責任だと思いますか」という質問に対して、イエスと答えたイギリス人は11％でした。それに対して、イエスと答えた日本人は44％いたのです。

イギリスでは、人が孤独な状態に陥るのは社会に原因があると考えます。もし孤独を感じている人がいたら、共同体が責任を持って救いの手を差し伸べるべきだ。そうした考え方が一般的になり２０１８年には孤独担当大臣（Minister for Loneliness）が新設されました。

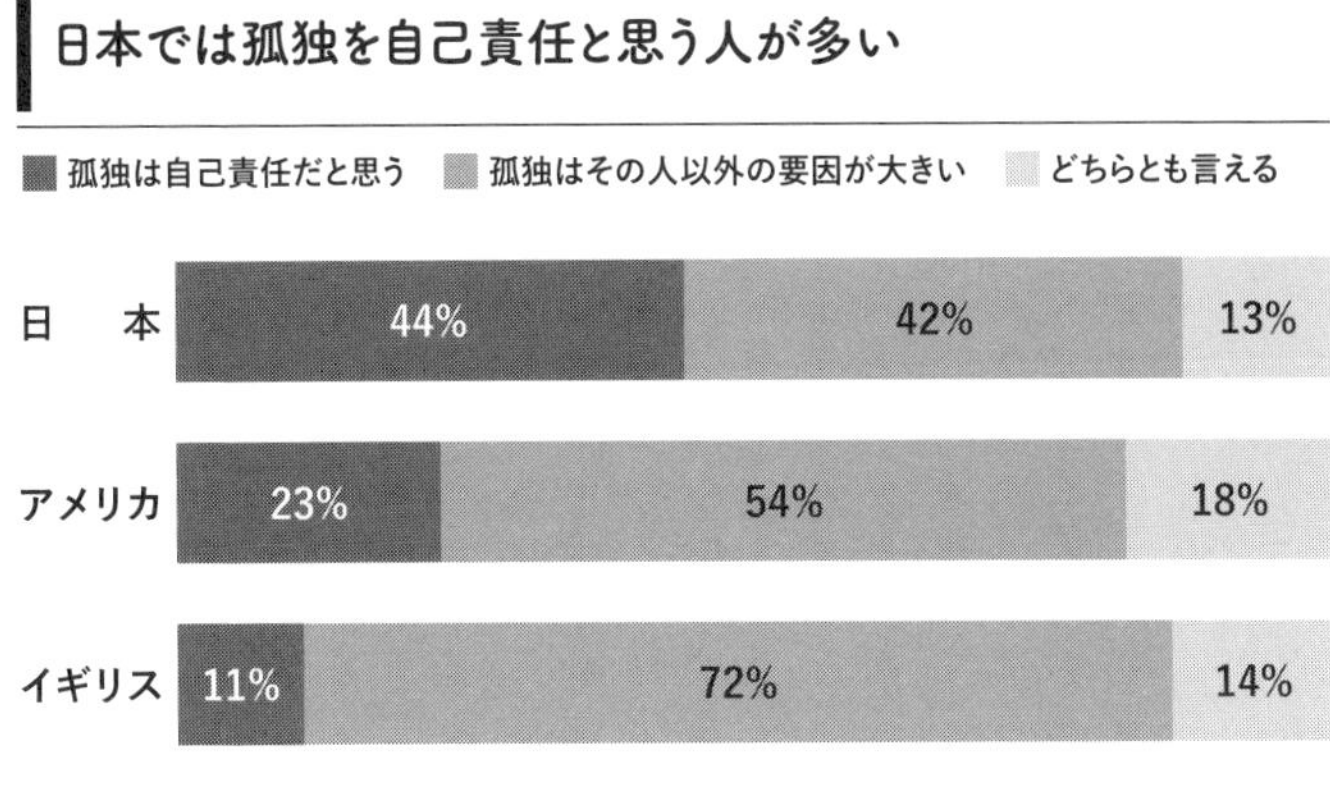

出典：Kaiser Family Foundation/The Economist Survey on Loneliness and Social Isolation in the United States, the United Kingdom, and Japan(conducted April-June 2018)

孤独は個人ではなく社会全体の問題である、という認識が広まりつつあるのです。

それに対して、今の日本では、孤独をも自己責任と考える人が多くいます。誰とどのように付き合うのかは自分で考えるべき問題であり、世間や会社が介入しようとするのはいらぬお節介というわけです。

注目したいのは、同じ調査で、アメリカでさえイエスと答えた人が23%だったことです。アメリカは、言わずと知れた自己責任論の国。今の日本はアメリカ以上に自己責任論が強く、孤独を放置する傾向にあるということです。

これは歓迎すべき状況ではないでしょう。アメリカは個人主義が浸透していて、良く言えば個人が自立しているし、悪く言えば自分勝手です。しかし、「自分は自分。人は人」という考え方が極端になると、組織は瓦解して機能しなくなります。近年、アメリカでエンゲージメントの概念が普及してきたのも、行き過ぎた個人主義によって機能不全に陥った組織を蘇らせたいという会社側のニーズがあったからです。

ところが、日本は行き過ぎた個人主義というアメリカの悪い部分だけを真似してしまいました。最近になってようやくエンゲージメントが注目され始めてきましたが、アメリカと比べると周回遅れです。エンゲージメントの重要性がより強く認識されるまでは、社員が孤独に陥っていても、周りの同僚や会社、そして本人すらもそのことに無関心という状況が続くのかもしれません。

2 人間関係は職場のエンジン

エンゲージメントと人間関係

孤独を感じている人、あるいは孤独を好んで単独プレーに走る人が多い職場は、パフォーマンスが低くなるという話をしました。では、人間関係が良好な職場では、逆に社員個人やチームのパフォーマンスはよくなるのでしょうか。

答えはイエスです。信頼できる仲間に囲まれていることで職場に愛着が湧き、一体化する感覚が生まれます。エンゲージメントが高まればパフォーマンスも高まることは、これまで何度もお話ししてきた通りです。つまり、単純な三段論法によって、「人間関係がよければエンゲージメントが向上する」「エンゲージメントが高まればパフォーマンスがよくなる」、よって「人間関係がよければパフォーマンスがよくなる」と導けるのです。

また、人間関係がよければ職場に自然と笑みが生まれるものですが、笑いについては、次のような実証研究もあります。編集者アリソン・ビアードがハーバードビジネスレヴューに寄せた論文「Leading with Humor」によると、クスクス笑いや大笑いはビジネス上のメリットがあるそうです。

「笑うことは、ストレスや退屈さを軽減して、エンゲージメントや幸福感を向上させる。創造性を高め、協力を促すうえ、分析の精密さや生産性の向上をもたらすのである」(Leading with Humor)

職場の良好な人間関係とエンゲージメントには、密接な関係があることがわかります。

ハイパフォーマンスの陰に人間関係あり

実際に職場で良好な人間関係を築いた人が活躍した例をご紹介しましょう。

大手小売業の部長の話です。彼が異動で新たに任されたのは、総勢40人の部署です。接客が業務の部署なので、本当は職場が明るい笑顔に満ちあふれていることが理想です。しかし、彼が赴任したときの第一印象は「みんな、仕事を楽しんでないな」でした。その様子を見て、彼は直接的に売り上げを伸ばすより、まず部下が楽しいと思える職場にしよう、と考えました。

具体的には、部署内で仮装パーティを開くなど、様々なイベントを企画しました。もちろん特別なイベントのときだけ楽しくて、普段はつまらないという状態では、エンゲージメントが高まりません。日常の仕事でも、自ら〝おもろいオッチャン〟のキャラを演出して、積極的にジョークを飛ばしていたそうです。

一つ注意が必要ですが。くだけた雰囲気で部下の懐に飛び込んでいくやり方は、今の時代、危険でもあります。こちらは親しみを込めてジョークを飛ばしているつもりでも、相手にはセクハラなどのハラスメントとして受け取られるおそれがある。〝両刃の剣〟といったところですから万人にお勧めできるやり方ではありません。ただ、その部長は絶妙な距離感を保ちつつ部下に近づいていきました。そのあたりの感覚は天性のものだったのかもしれません。

いずれにしても、部長の目論見はうまくいきました。職場の雰囲気が徐々に明るくなり、部下たちは仕事を楽しむようになりました。

職場が明るくなったのは、おやじギャグだけが要因ではありません。部下との人間関係ができていくにつれて、彼のフィードバックが部下の心に届くようになりました。また、彼は褒め上手で、部下に成長実感を抱かせることに長けていました。自分が成長できているとわかれば、仕事に前向きに取り組めます。部長は、まさに人間関係を起点として部下たちのエンゲージメントを高めていったのです。

その結果、その部署では好結果が生まれました。部長のリーダーシップは社内でも高く評価され、1年後、彼はさらに大きなチームを率いるために別の部署に異動になりました。

部長がどれだけ部下に慕われていたのかは、異動が決まった後に部下から贈られた文集を開くとよくわかります。そこにはメンバーの書いたイラスト、イベントなどの写真と共に、

「部長の部下になれたことが私の宝です」

「1年間、本当に楽しく仕事ができました。この部署に来てくれてありがとうございました」

といったメッセージが部下40人から寄せられていました。

上司の異動に当たって、部下たちが寄せ書きをするケースは珍しくありません。しかし、部長に贈られた文集は、おざなりの言葉で埋められた寄せ書きとはまるで違いました。一人ひとりのコメントが熱く、本気で感謝していることが伝わってくるのです。

部長は文集を家に持ち帰りました。後日、それを見つけて読んだ奥さんは、「こんなふうに部下のみなさんから慕われる仕事をしているあなたを誇りに思います」と涙を流したそうです。

人間関係をよくすることは、自分はもちろん、一緒に働く部下たちのエンゲージメントをも高めます。それがチームとしてのパフォーマンスを高め、好結果を生むのです。

良好な人間関係が高いパフォーマンスにつながることは、部下の立場でも言えます。

大手人材企業の営業部門に、フットワークの軽い若手社員がいました。彼のすごいところは、顧客だけでなく、社内の人間に対してもフットワークの軽さを見せることです。たとえば社内のどこかで「誰でもいいから手伝って」という声が上がったら率先して駆けつけます。小さなことでも嫌がる素振りを見せずに手伝うので、他部署からの評判は上々。逆に自分が手伝ってほしいときは、周りが恩を返そうと自然に動いてくれます。

彼が関わった案件で、早急に契約を締結しなければならない場面がありました。急いでいたのは先方ですが、それに応えられなければ案件が流れるおそれがあります。新しい契約を結ぶときには法務部門が契約書をつくりますが、通常の社内ルールで作成していては到底間に合いません。しかし、彼は法務の社員と顔見知りで、自分の案件の契約書作成を優先してもらいました。契約は無事、成立です。

彼は、最初からこうした場面を想定して法務の社員と仲良くしていたわけではないでしょう。普段から誰とでも仲良くすることが、いつか自分を楽にすると漠然と考えていたのだと思います。

普段から良好な人間関係を構築しておくことで、得することはあっても損することはありません。一匹狼を気取って周りと距離を置きつつ仕事をするか、それともオープンな気持ちで人と付き合い、持ちつ持たれつの関係を築いていくか。成果が出やすいのは断然、後者です。

コミュニケーション下手でも仲間はつくれる

明るい性格でコミュニケーション力が高く、人と話すことを苦にしない人なら、周囲との人間関係が良好なのも、当然です。

しかし、読者の皆さんの中には、自分は口下手だから先ほどの二人のようにはいかない、という人もいるでしょう。性格が内向的で口下手な人からすると、「そんなに簡単に人と仲良くできるなら苦労はない」といったところでしょう。

しかし、諦める必要はありません。職場での人間関係の構築は、性格やトークスキルに関係なく可能だからです。

まず大切なのは、自身のエンゲージメントを高めることです。プライベートでは出不精で、一人で過ごすことが好きなタイプの人も、エンゲージメントが高くて目標にコミットしていれば、「必要なことだ」と感じて愛想よく人と話せることがあります。大きな目標を達成するためなら、ちょっとした気恥ずかしさは克服できるのです。最初は負担に感じるかもしれませんが、「やってみると案外普通に話せる」とわかり、いずれは気にならなくなるでしょう。

先ほど紹介した人材企業の営業社員も、そこまで明るいキャラクターではありません。

むしろプライベートでは一人の時間を大切にする大人しいタイプです。彼は、仕事のためになるかもしれない、と思えばこそ、皆と積極的に話すように心がけているそうです。

では、目標に強くコミットしているつもりだが、どうしてもできない、本当の自分ではない気がして精神的に負担がかかるという人は、どうすればいいでしょうか。

もしキャラをつくることに負担を感じるなら、無理をしてはいけません。エンゲージメントで重要なのは、自分らしくいること。人と積極的にコミュニケーションを取る自分にウソくささを覚えるくらいなら、むしろ今の自分らしさを活かした形のコミュニケーションを模索すべきです。

たとえば、自分から話をするのが苦手なら、聞く側に回ってはどうでしょうか。

実際、日本企業には、トップダウンでみんなをグイグイ引っ張るより、みんなの意見をよく聞いたうえで導くサーバント型のリーダー（まず相手に奉仕して、その後に導く支援型のリーダー）が少なくありません。こうしたリーダーたちに共通しているのは、いっけん控えめで、人が相談したくなるような雰囲気を備えていること。トークスキルが卓越していなくても、聞く力を伸ばすことで周りに信頼されて関係を構築することはできるのです。

聞く力は、立ち止まり力と言い換えてもいいかもしれません。今は、どの仕事もスピードが求められる時代です。ちょっとした違和感があっても、そこで立ち止まることなく仕事を前に進めることのほうが多いでしょう。しかし、小さな違和感を抱いた部分が、やがて大きなほころびとなり、取り返しのつかない事態を招くおそれもあります。本当は小さな違和感であっても、一つひとつケアしながら前進するのが理想です。

立ち止まり力を持ったリーダーは、部下が抱いた違和感にも敏感で、さりげなく「どうしたの？」「何か困ってない？」と声をかけます。話を聞く姿勢は、部下の責任を追及する攻撃な態度ではなく、あくまでもサポート役に徹します。だから相手は立ち止まり、心を開いて話をしてくれます。

もちろん聞く力も簡単に身につくものではありません。ただ、口下手で話すことが苦手な人は、トークスキルを磨くより、こちらの力を伸ばしたほうが人間関係の構築に役立つはずです。

話すのも聞くのも苦手という人は、ほかの強みに目を向けてみましょう。たとえば社交的ではなく一人で黙々と考えることが得意な人は、分析力や戦略思考を武器にして、まわりの人を助けてもいいでしょう。考えるより体を動かすほうが好きと言うなら、とにかく周りのために汗をかいて動く人になってもいい。ぜひ自分に合った方法を見つけて、良好な人間関係を築いてください。

3 イノベーションはエンゲージメントから起こる

日本人はイノベーションが苦手？

いま企業で最も求められる人材と言えば、イノベーションを起こすことができる人でしょう。経営者や人事担当のインタビュー記事を読めば、必ずと言っていいほど、「求む、イノベーション人材」という趣旨のことが書かれています。裏を返せば、今の日本企業にはそれだけイノベーティブな人材が不足しているのかもしれません。

日本経済の歴史を振り返ると、経営層からミドル層にイノベーション人材が少ないのは仕方がないとも言えます。現在の経営層やミドル層が就職したのは、高度経済成長期からバブル崩壊の時期にかけて。この時期は市場が拡大していて、競合と付加価値で大きな差別化をしなくても企業は、ある程度は成長することができました。

差別化するとしたら、大量生産大量消費時代にマッチした手軽さや安さです。これらの要素で抜きん出ようとしたら、組織の運営はトップダウンが最適です。一部の優秀なトップが号令をかけて、ミドル層以下はとにかくそれに従って手足を動かす。当時の大企業の若手社員は「考えるなんて十年早い。とにかく指示通りやれ」と指導されて、実際にそれに従った社員が出世していきました。

ただ、風向きは変わってきました。

変化の兆しが見え始めたのは、バブル崩壊後、〝失われた10年〟がさらに20年へと延びようとしていた頃でしょうか。国内市場は頭打ちになり、企業間の競争は激化。プロダクトアウトで「品質のいいものをより安くより大量に」という時代ではなくなり、マーケットインで「顧客が望む価値を、いかに早く市場に届けるのか」で勝負することが求められるようになりました。

上の指示がなくても、現場が自律的に動いてマーケットの変化を察知して、顧客のニーズに応えていく。そうした組織でなければ生き残れない時代になり、企業は目の色を変えてイノベーション人材の獲得や活用に力を入れ始めました。

現在は過渡期であり、日本発のイノベーションが世界を席巻するまでには、まだ少し時間がかかるかもしれません。しかし、「どうせ日本からはイノベーションが生まれない」

と悲観する必要もありません。日本企業でイノベーション人材が活躍して世間をあっと驚かせる日は、遅かれ早かれきっとやってくるはずです。

では、どうすれば今いる人材にイノベーティブな発想をしてもらえるようになるのでしょうか。

実は、ここで鍵を握るのが、人間関係とエンゲージメントです。職場の人間関係とエンゲージメントがイノベーションにどのように関わってくるのか、詳しく解説していきましょう。

人間関係×エンゲージメント＝イノベーション！

オフィスに大小4つの食堂があり、そこでは飲食ができるだけでなく、ビリヤードや卓球台があって遊ぶこともできます。それとは別に、オフィスのいたるところにカフェスペースや、飲食物を自由にピックアップできるマイクロキッチンがあり、それぞれの場所で社員が冗談を言い合っています。仕事場というより、まるでシェアハウスのような雰囲気。

さて、このオフィスを持つ会社はどこでしょう？

正解は、グーグルの日本法人です（2019年8月現在）。グーグルと言えば世界で最もイノベーティブな企業の一つですが、同社のイノベーションは、一般的な日本企業では考えにくい自由な雰囲気を持つオフィスから生まれています。

グーグルは、なぜオフィスをユニークな造りにしているのでしょうか。

それは人間関係を中心としたエンゲージメントを重視しているからだといいます。人間関係はエンゲージメントを左右する要素の一つですが、グーグルでは特にそれを重視して、社員間のコミュニケーションが自然に生まれるような空間づくりをしています。

複数あるマイクロキッチンには、それぞれに異なるドリンクが置いてあるといいます。たとえばあるマイクロキッチンはコーヒー中心、別のマイクロキッチンは紅茶中心、はたまた別のマイクロキッチンは栄養ドリンク中心というように、偏りがあります。あえてどこでも同じにしていないのは、社員に自分の飲みたいドリンク目当てに遠くのマイクロキッチンまで足を運ばせるため。

いつもと違う場所に行って、普段は顔を合わせない社員との交流が生まれることを狙っているようです。

空間の仕掛けだけではありません。オフィス内にゲーム部屋がありますが、就業時間中にそこで休憩できるほか、就業後に社内ゲーム大会が開かれるそうです。

また、毎週金曜日には、オフィス全体を使ってお酒やごはんが用意されて、TGIF（"Thank God, It's Friday". 今日は金曜日で、神に感謝します、の意）と呼ばれる会が開催されます。このTGIFは、月に1回、ソーシャルに開放されて、社員ではない人たちも参加できます。箱を用意するだけでなく、みんなが集まりやすいイベントを企画することで、コミュニケーションを促している、とのことです。

グーグルがなぜ職場の人間関係を重視しているのか。それは良好な人間関係がエンゲージメントを高め、高いエンゲージメントがイノベーションを生む、という考え方があるからだそうです。

オフィス改革によるコミュニケーションの改善

こうした取り組みは「外資系だから……」と捉えられるかもしれませんが、全社を挙げて社内コミュニケーションの改善に取り組んでいる日本企業もあります。

複合機やICT関連商品の販売を行うリコージャパンも、その一つです。ある事業部では、チーム間のスムーズな連携、部署や業務を超えたつながりの構築などコミュニケーションを活性化するために、すぐに集まれるオープンスペースをオフィス中央に配置したり、特定の座席を用意しないフリーアドレスを取り入れるなど、大規模なオフィス改革を行いました。

改革後は「毎日、席が変わるのでいろいろな人とコミュニケーションが取れる」「場所に縛られず時間を優先して話ができるようになった」「空いている席に座ってスッと会話をすることが当たり前になった」などの声が聞こえるようになり、いつでもどこでも誰とでも、必要な時に社員がすぐに集まりコミュニケーションをとることで、「人」と「人」とが知恵を出し合える、そんな新しいコラボレーションのかたちが定着してきたそうです。

リコージャパンでは、このような大規模なオフィス改革をはじめ、育児・介護などの両立支援における制度を整備しました。また一部の職種において実施していたリモートワークを全職種対象に、半日単位でしか取得できなかった有給休暇を1時間単位で取得可能にし、また経営陣が先頭に立って会議時間の短縮を主導するといった多種多様な働き方改革・生産性向上の施策を行っています。

そして、この多種多様な一連の施策に共通しているのは、存在していたけれど、うまく活用されていなかったルールや仕組みを時代に合わせて活用されるように社員自ら考え、試行、実践し、それを会社として整備し、全社員への認知に務めたという点です。コミュニケーションの活性化に加え、制度や情報が整備されて、社員が利用しやすい環境になったことがエンゲージメントの向上のよい影響を及ぼしていると考えられます。

イノベーションを支えるアイデアの量

人間関係とエンゲージメントが密接な関係にあることは、すでにお話ししました。一方、エンゲージメントが高い人は、当事者意識が強く、自発的に仕事に取り組みます。自発的なので、会社から求められるまでもなく積極的にアイデアを出します。その結果、社内に飛び交うアイデアの総量が増えます。

エンゲージメントが高いと、アイデアの中身も変わります。受け身で言われたことだけをこなす人は、基本的に前例踏襲型。このタイプの人が、既存の枠組みから出て新しい発想をすることはまずありません。一方、エンゲージメントが高い人は、自ら目標に強くコミットしています。目標を実現できるなら、非常識と言われることもいとわずゼロベースで新しいアイデアを出します。

エンゲージメントが高い社員が多いと、アイデアの量が増え、質もよくなります。そこからイノベーションが生まれるのは、ある意味で必然と言えます。グーグルやリコージャパンがエンゲージメントを大きく左右する職場のコミュニケーション促進に力を入れるのも納得です。

イノベーションを最初に定義した経済学者のヨーゼフ・シュンペーターは、イノベーションは「新結合」だと言いました。つまり異質なものとの組み合わせによってイノベーションは起こります。職場でコミュニケーションが密になれば、様々な意見が飛び交い、ときにはぶつかり合うでしょう。いっけん混乱しているように見えるかもしれませんが、多様なアイデアが交わり合ってこそ、これまでになかった新しいものが生まれます。アイデアがただそこにあるだけではダメで、コミュニケーションによってそれらがぶつかり合うことでイノベーションは起きるのです。

ただし、気をつけないといけないのは、コミュニケーションさえ活発ならばイノベーションが生まれるという単純な話ではありません。

天気の話や野球、サッカーの話など、毎回、世間話だけで盛り上がっても、そこからイノベーションは生まれません。コミュニケーションの前提として必要なのは、エンゲージメントです。組織の目標に、当事者としていかに貢献できるのか。そう考えている人たちが集まってこそ、イノベーションにつながる意見交換になります。しっかりとエンゲージできている人の集合体だからこそ、活発なコミュニケーションからイノベーションが生まれるのです。

人間関係とエンゲージメントは互いに密接な関係にあると同時に、イノベーションにとっては欠かせない車の両輪のようなもの。この二つをうまくそろえた企業が社会に新しい価値を提供できるのです。

ザッポス、オリエンタルランド、ｆｒｅｅｅの共通点

グーグルやリコージャパンのように人間関係を中心としたエンゲージメントを重視して、イノベーションが生まれる環境を整える企業は増えています。

アメリカ・ラスベガスに本社を置く靴のネット通販を手掛けるザッポスが独特な企業文化を持っていることは第1章でも説明した通りですが、ザッポスは人間関係の構築を促す仕組みもユニークです。アマゾンなどの通販サイトには、自分の欲しいものを登録する「ウィッシュリスト」機能がついているものがあります。ザッポスは社員間でウィッシュリストを公開し合い、欲しい社員とあげたい社員を結びつけています。

たとえばある社員がｉＰａｄを新しいものに買い替えるとしましょう。その社員は他の

社員のウィッシュリストをチェック。「旧型でいいからiPadが欲しい」という社員がいたら、古い機種を無料でプレゼントします。

リストに載るのはモノに限りません。「来週末に妻と出かけたいので、ベビーシッターが欲しい」と人やサービスをウィッシュするケースもあります。日本でもスーパーマーケットなどの掲示板に「家庭教師募集」といった張り紙をすることがありますが、それを社内でやっているわけです。

あげるほうも貰うほうも、縁もゆかりもない相手より、同じ社内の人間のほうが安心できます。ここでの貸し借りがきっかけになり、より深い人間関係になっていくこともあるそうです。

ちなみにウィッシュするモノに価格の制限はありません。「フェラーリが欲しいと書いてもいいのか」と尋ねたら、担当者は「もちろんです。応えられるのは、社長のトニー・シェイくらいしかいないけどね」と笑っていました。

日本のベンチャー企業も負けてはいません。

事務管理効率化のためのクラウドサービスを提供するｆｒｅｅｅでは、社員間の情報共有をＦａｃｅｂｏｏｋが提供するビジネス向けＳＮＳ「Ｗｏｒｋｐｌａｃｅ」で行っています。

チャットツールや社内ポータルサイトなどを利用している企業は少なくありませんが、ｆｒｅｅｅについて注目すべきは全社員がオープンにコミュニケーションが取れることです。
たとえば、自分が業務上で困っていることや、常日頃感じている課題感をＷｏｒｋｐｌａｃｅ上で発信すると、それに対してほかのチームの社員から賛同やアドバイスなどの反応が返ってきます。ｆｒｅｅｅでは、これは日常の光景です。そして、その課題を解決するにはどうしたらよいか、対社内外問わず、プロジェクトが走り出すことも少なくないそうです。

情報がオープンなために、組織がたこつぼ化せず、異なるチームの社員とも気軽に意見交換ができます。社内の情報が常に共有されているのです。

社内のＳＮＳがコミュニケーションを促進しているというのはいかにもＩＴ企業らしいですが、だからと言ってリアルのコミュニケーションが疎かにされているわけではありません。マネジャーは自分のチームのメンバーと必ず週１回30分の１on１を行うことが決められています。また、執務室には壁を設けておらず、社長が社員の間に座っていることもよくあります。話したい、とメンバーが思ったら、その場で話しかけるか、ミーティングを設定します。上下も横も関係なく社員間の距離が近く、随時対話ができる状態がつくられているのです。

東京ディズニーリゾートを運営するオリエンタルランドにも注目です。〝夢の国〟は物理的にも外部から切り離されており、園内で働く人たちは自然に仲間意識や連帯感が強くなります。

ただ、同社はさらに一体感を高めるために様々な施策を展開しています。たとえば、毎年開催されるカヌーレース。会場は、もちろん園内です。予選はタイムトライアル式で、上位10チームが決勝に進出します。おそろいのTシャツで参加するチームもあるなど、まさに一体感を高めるイベントになっています。また、従業員同士が日頃の素晴らしい行動を称えてメッセージを交換する「スピリット・オブ・東京ディズニーリゾート」キャンペーン。キャンペーンリーダーは部長やマネジャー。キャンペーン期間中は会議にもタスキをかけて出席するとか。会社が本気で取り組んでいることが伝わってきます。

今ご紹介した企業は、いずれも業界でイノベーションを起こした企業です。ザッポスは、試着が必要で通販は無理と言われていた靴をネット通販しました。freeeも独自のサービスによって事務管理効率化の分野で存在感を急激に強めています。オリエンタルランドが運営する東京ディズニーリゾートは、入園者を「ゲスト」、従業員を「キャスト」

と呼び、園内全体が一つの舞台であるかのような演出を行った点が画期的でした。

さらにこれらの企業は、初期の成功に満足することなく、絶えず新しいものを生み出そうとしています。その源泉は、従業員の高いエンゲージメント、そして社内での活発なコミュニケーションにあります。イノベーションを起こしたければ、まずは社内の人間関係をよくすること。それが世界に変革を起こす第一歩です。

4 真のリーダーは「One for All」で信頼を得る

One for All, All for One

ラグビーファンの方であれば「One for All, All for One」という言葉をよくご存じでしょう。

訳すと、「一人はみんなのために。みんなは一人のために」。

メンバーは自分勝手に動くのではなくチームのために奉仕して、同時にチームは、困っているメンバーがいたら切り捨てるのではなく全力でサポートをする――。

ラグビーにおけるチームプレーの大切さを説いた言葉です。

この言葉が持つ重みは、ビジネスでも同じです。お互いが率先して協力し合う職場は、一人ひとりのエンゲージメントが高く、個人やチームのパフォーマンスが高まり、イノベーションも起こりやすくなります。

ただ、現実には、「One for All, All for One」のどちらかに極端な形で偏っている人が少なくありません。

「One for All」が極端な人は、いわゆる滅私奉公型で、自分らしさをあまり重視しません。組織の歯車として貢献することは可能ですが、本人のエンゲージメントが低いため、イノベーションを起こしたり、周りに刺激を与えることもありません。

それでも仕事を全うできるならまだマシです。途中で自分にウソをつき続けることに疲れて、バーンアウトしてしまうおそれもあります。滅私奉公型から抜け出せたとしても、心身を病んでしまったら元も子もありません。組織にとっても、貴重な働き手を失うことは大きな損失です。

では、逆に「俺が俺が」「私が私が」と自己中心的になれば、いいパフォーマンスを出せるのでしょうか。

このタイプは、「All for One」を曲解して、「All for Me」、つまり自分のためにみんなが協力しろという発想で仕事をします。自分らしさと組織の目標が合致しているとセルフ・エンゲージメントが高まりますが、これでは単にセルフィッシュ（わがまま）なだけです。周りを振り回して疲れさせた結果、いずれは愛想を尽かされて職場で孤立することが目に見えています。

どちらにしても極端な形になるのはよくありません。一方に偏れば、個人のエンゲージメントは高まりません。両方をバランスよく兼ね備えてこそ、自分やチームのパフォーマンスを高いレベルに引き上げられます。

世界的指揮者がスカラ座のメンバーから嫌われた理由

「One for All, All for One」はバランスが大切ですが、たとえばリーダーとして、どちらに軸足を置くべきかと言えば、「One for All」のほうでしょう。

自らの実績のためだけに勝利を目指す「All for One」だと、チームは迷惑します。自己中心的なリーダーは、会社のことを「自分の成果のために利用する踏み台」程度にしか見ていません。利用できるものを利用し尽くしたら、さっさと転職して活躍の場を移していきます。

そのようなリーダーのもとで働いて、エンゲージメントが高まるはずがありません。メンバーを酷使するので一時的に成果を上げることはできるかもしれませんが、持続性はありません。

現代を代表する世界的指揮者で、ミラノ・スカラ座の芸術監督を長く務めたリッカルド・ムーティは、あるときスカラ座の従業員700人が署名した手紙を受け取りました。その手紙には、こう書いてあったそうです。

「あなたは素晴らしい指揮者ですが、私たちはあなたと一緒にやりたくありません。あなたは私たちに成長する機会を与えてくれない。あなたは私たちを一緒に演奏するパートナーではなく、楽器としか見ていない」

ムーティは素晴らしい指揮者ですが、理想の音楽に忠実なあまり、演奏者たちのことを音楽を構成する一つの駒のようにしか見ていなかったのです。

その結果、スカラ座の芸術監督を退任することになりました。

チームの多様性が「All for One」を育む

「All for One」を自分だけのために考えている人は自己中心的だと言いましたが、それはあくまでも「All for Me」になっている人の話です。皆で一つの勝利、目的を目指すという意味のほかに、職場としては、「誰か困ってる人がいればみんなで支える」という意味でも一人ひとりが「All for One」の精神を持つことが望ましいでしょう。

では、組織として助け合いの文化をどうやって醸成していけばいいのか。

ヒントになるのは「多様性」です。

東京大学先端技術研究センターの熊谷晋一郎准教授は、高信頼性組織の研究に注目して、障がいのある人の働き方についての研究をしています。高信頼性組織とは、絶対に失敗が許されない過酷な条件下にありながら、その役目をしっかり果たしている組織を言います。1980年代にアメリカで生まれた概念で、具体的には原発や医療、公共インフラなどの企業は高信頼性組織であることを求められます。

高信頼性組織をつくるとき、みなさんならどのような人を集めるでしょうか。

エリートと呼ばれる優秀な人たちを集めれば、人為的なミスがなくなって組織としての信頼性が増す？

思わずそのように考えがちですが、実際は違います。アメリカのカリフォルニア大学バークレー校などでの実験によると、エリートばかりの組織は、お互いに協力するより競争が繰り広げられたり、完璧を求められるプレッシャーからメンバーがメンタルを病んだりして、ほころびが生じやすくなることがわかっています。

熊谷先生が提唱しているのは、同じ優秀な人でも、障がい者などハンデを持った人をチームに加えることです。実は熊谷先生自身も脳性麻痺で車いす生活を送っていますが、無論、身びいきでそう言っているわけではありません。何かしらハンデを持った人がチームに参加することで、共感的な理解と対話が促進され、チームは「失敗を許さない組織」から「失敗から学ぶ組織」になります。それは、どんな状況でも失敗に対処できる「学習する組織」の構築につながるのです。

ハンデを持った人が加わっても、「事故を起こせない」という組織の目標は同じです。その目標にコミットしたままサポートを必要とする人が一員になれば、メンバーは自然にその人をケアするようになります。それがきっかけになり、メンバー間でも支え合う空気が醸成されるというわけです。

現在、実証のための調査を行っている段階だそうですが、経験的にもこの理論は正しいように思います。エリートばかりの集団では、相手の気持ちを慮るより、相手に負けたくないという心理が働くものです。一方、多様性のある集団であれば、「相手はどう考えるだろうか」と立ち止まって考えるようになり、それがチームワークにつながります。

ある中堅のゼネコンで、数年前、初めて女性の現場監督を採用しました。建設現場は男性ばかりの世界。最初は職人たちから反発されると心配していました。しかし、実際に女性現場監督が現場に立つと、「重ければ運んでやる」と職人さんが優しくケアしてくれたそうです。

興味深いのは、優しくなったのは女性現場監督に対してだけではないという点です。男性ばかりの職場であるせいか、それまでは日常的にキツい言葉が飛び交っていました。しかし、今は男性の職人同士でも相手に配慮した言い方をすることが増えてきたそうです。多様性が高まったことで、職場全体の雰囲気が変わったのです。

職場の人間関係がギスギスしているなら、これまでいなかったタイプや属性のメンバーを思い切って加えてみてはどうでしょうか。一時的な混乱は生じるかもしれませんが、長期的に見れば、多様性のある組織にすることで「All for One」の精神が広がり、組織の生産性は高まるに違いありません。

5 社会と相思相愛の企業が強い！

他者のためだと〝バカ力〟が出る

長期的な視点で考えると、「One for All」の考え方でいくとキャリアはうまくいきます。「One for All」によって人間関係がよくなり、困ったときに助けてもらえたり、飛躍するチャンスをもらえたりするからです。

実は「One for All」が活躍につながる理由がもう一つあります。「One for All」を意識することで、発揮できる能力そのものも引き上げられるのです。たとえばチームのみんなと達成感を分かち合いたくていつも以上に頑張ったり、新しく生まれてくる家族のために大変な仕事を耐え抜いたり。他者への貢献を自分の喜びとすることで、人は自分の限界値を上げてポテンシャルを発揮できるようになります。自分の能力以上の〝バカ力〟が発揮できるのです。

ここで考えたいのは、「One for All」のAllは誰かという問題です。

真っ先に思い浮かぶのは、普段一緒に働いている仲間や、いつも支えてくれる家族や友人の顔でしょう。身近な人を思って自らを奮い立たせるのはパフォーマンスを高めるのに有効な方法であり、積極的に意識をするといいでしょう。

ただ、身近な個人にとどまらず、彼ら彼女らを含むチーム、組織へとAIIの射程を広げてみるのもいいと思います。自分が会社に貢献したいと思い、会社のほうもあなたの貢献を望み、あなたの貢献に正当な評価で応える。これはまさしくエンゲージしている状態であり、パフォーマンスのさらなる向上が見込めるでしょう。

可能なら、さらにその向こうまでAIIの対象を広げたいところです。

具体的には、会社の事業を通してつながっている顧客や取引先、業界、市場、地域、国、そして地球……。

ここではそれらを総称して「社会」と呼ぶことにしますが、自分が社会の役に立ちたいと思い、社会からもそれを求められ、実際に貢献できている実感を得られれば、これほど強いエンゲージメントはありません。おそらく多少の困難ではビクともせず、目標に向かって邁進できるのではないでしょうか。

目の前の仕事と社会のつながり

自分と社会が相思相愛で、実際に社会貢献していると感じられる状況は、社員に最高のエンゲージメントをもたらします。企業はその実感が持てる環境を社員に提供することで、自らの組織を強くできます。

企業は営利組織なのだから、利益追求が最重要課題であり、社会貢献は二の次だという意見もよく耳にします。

しかし、本当に企業は利益を追求さえしていればいいのでしょうか?

『MBAが会社を滅ぼす』を著したことでも有名な経営学者のヘンリー・ミンツバーグは、著作『私たちはどこまで資本主義に従うのか』の中で、行き過ぎた資本主義に警鐘を鳴らしています。これまで社会を運営していたのは、国などの公的セクターと、企業などの民間セクターの二つでした。この二つのセクターと社会との関りについての違いによって東西冷戦が起こり、なるべく民間に委ねる資本主義にひとまず軍配が上がったわけですが、行き過ぎた資本主義は格差や金融危機を引き起こし、世界を混乱に陥れています。

そこでミンツバーグは、これからは民間企業もソーシャルな視点を重視することで、バランスの取れた会社運営ができると説いています。事業を通して社会貢献していない企業でないと、もはや生き残りは困難です。

日本国内で不要になった家電製品を発展途上国へ輸出販売する株式会社浜屋は、1991年の設立以来、業容を拡大し、今や年商は100億円に達しています。社員モチベーションが高いという表彰を受けたこともあり、社員からも顧客からも信頼される組織づくりに成功しています。

代表取締役の小林茂氏は浜屋の行動指針として「お客様の喜びを常に考えて行動する」「常に感謝の気持ちで平等・公平に接する」をあげます。小林代表がここまで会社を大きくできたのは、浜屋が利益のみを追求してきた企業ではないからです。

ペルー、ミャンマー、ベトナム、ナイジェリアなど途上国の人々に、日本の中古家電を届けて人生を豊かにしてもらいたい、という使命感が、浜屋が大きくなった原動力です。自分たちの仕事は世界の貧しい人々を幸せにしている、という実感があるから、浜屋の社員は誇りを持って仕事に取り組むことができ、それがまた企業の好業績に跳ね返る、という好循環になっているのです。

アメリカの、ある私立大学での取り組みも印象的です。アメリカは寄付文化があり、大学もコールセンターを設置して卒業生に寄付を求める電話をかけています。ただ、いくら寄付文化があるといっても、快く寄付してくれる人は稀です。断られるケースのほうが圧倒的に多く、スタッフも電話をかけることに消極的になります。その結果、その大学のコールセンターでは職場で手抜きが横行して、生産性が著しく低下していたそうです。

業務改善のために入ったコンサルタントが提案したのは、学生たちのプレゼンテーションでした。奨学金の原資は寄付です。そこで奨学金で入学した学生たちに、奨学金への感謝と自分の人生が変わったこと、そして将来の夢を語ってもらったのです。

「家は貧しいが、奨学金で医学部に入れた。将来は医者になって多くの人を助けたい」

このように熱く語る様子を見て、スタッフは自分たちの仕事がいかに人の役に立っているのかを理解しました。プレゼン大会後、集めた奨学金は1・7倍になったというから、効果は抜群でした。

会社はこのような取り組みを積極的に行うべきです。部署単位、チーム単位でも何か工夫できることもあるでしょう。メンバーが社会貢献を実感できるように、リーダーは心を配る必要があります。それがエンゲージメントを高め、企業の好業績にもつながっていきます。

6 社会貢献活動で人生が輝く！

社会貢献がエンゲージメントを高める

人間関係がエンゲージメントに大きな役割を果たすことはわかっていただけたでしょうか。この人間関係をもう少し大きな枠、つまり〝社会〟という枠に当てはめてみると、また一つ上の視座からエンゲージメントの効果が見えてくることも、ある程度、ご理解いただけたか、と思います。

自分が社会に貢献することを望み、社会からもそれを求められて、相思相愛でつながっている実感を、私たちは「ソーシャル・エンゲージメント」と呼んでいます。自分の仕事を通じて直接的に社会貢献できれば、ソーシャル・エンゲージメントと同時にワーク・エンゲージメントを高めることができるので一挙両得です。

ただ、自社の事業を通した社会貢献にこだわる必要はありません。たとえば会社のCSR活動に参加して社会貢献をしてもいいし、社外でボランティア活動をやってもいいと思います。形はどうあれ、自分が社会の役に立っている実感を得ることが、自分の人生のエンゲージメントを高めることになります。

「自分はちっぽけな存在で、社会貢献なんておこがましい」

「何か社会の役に立つことをしてみたいけど、特別なスキルがあるわけではない」

そう考えてアクションを起こすことに躊躇している人も少なくないでしょう。

しかし、結果は二の次。まず社会に参画することに意味があります。

ボランティアは困難の宝庫

たとえばボランティア活動のいいところは、ハードシップ（困難なこと）が数多く待ち受けていることです。

もちろん日頃の仕事でも厄介なことは持ち上がります。しかし、現代の企業は高度に組織化・分業化されています。難しい問題が浮上しても、担当者はそれに集中して取り組むことが可能です。一方、ボランティアの現場の多くはそこまで組織化されていないし、お金や人などのリソースも限られています。やるべきことの守備範囲は広いわりに使えるリソースは少なく、困難は企業活動の比ではありません。

企業にいても、マネジメント層になれば守備範囲が広がり、難しい決断を迫られることが増えてきます。その決断の数だけビジネスパーソンとして成長できますが、一般的な企業でマネジメント層になれるのは何年も働いた後です。若い時期に困難に直面して自分で決断をする経験は、なかなかできないのが実情です。

それに対して、ボランティアの現場では、難しい決断を否が応でも迫られます。しかし、若い人にとって、自分の裁量で決断できる機会は貴重です。普段は発揮しにくいオーナーシップを存分に発揮することで、成長すると同時に充実感を得られるでしょう。

人生の意味を決めるのは自分

自分のためから、身近な誰かのために。身近な誰かのためから、チームや会社のために。さらにチームや会社のためから、社会のために——。

そうやって対象を広げることは、自分の視座を高めることと同義です。視座が高くなればそれだけ遠くまで見渡せるようになり、自分が社会にどのような貢献ができるのか、また社会からどのような役割を求められているのか見えてきます。

視座を高めて自分の生き方を顧みることは、それだけで素晴らしいことだと思います。

ただ、いきなり視座を高めようとした結果、なかには自分が生きる意味がよくわからなくなり、かえって悩みを深めてしまう人がいるかもしれません。

悩むこと自体は、何も悪いことではありません。良くないのは、人生の意味について考えることを放棄したり、人の答えに安易に乗っかること。自分の人生の意味について答えを出せるのは自分だけなのですから、悩みつつも自分が正しいと思った道を行くしかないでしょう。

精神科医ヴィクトール・E・フランクルがナチス強制収容所での体験を綴った『夜と霧』は、世界的なベストセラーになりました。彼は仲間を裏切ればパンを多めにもらえるという状況でも、誘惑に負けずに自分が正しいと思ったことを貫きました。まさに自分の生きる意味について徹底的に向かい合った人物です。

彼の言葉で、深く印象に残るものがあります。

「ここで必要なのは、生きる意味についての問いを百八十度方向転換することだ。私たちが生きることから何を期待するかではなく、むしろひたすら、生きることが私たちになにを期待しているかが問題なのだ（中略）もういいかげん、生きることの意味を問うことをやめ、私たち自身が問いの前に立っていることを思い知るべきなのだ」（『夜と霧』より）

フランクルが言いたいのは、人生に最初から意味が用意されているのではなく、自分で人生の意味をつくっていくものだということでしょう。〝自分探し〟のために旅に出る人もいますが、いくら非日常を経験しても人生の意味は見つかりません。自分の人生は、やはり日々悩みながら自分で意味づけていくしかないのです。

さて、みなさんはいったい何のために働いているのでしょうか。

お金のためでしょうか。

自分一人が得をするためでしょうか。

それとも社会を発展させるためでしょうか。

つらい思いをしている人を笑顔にするためでしょうか。

世界から争いをなくすためでしょうか。

その答えを自分なりに考えて仕事に意味を見出せたとき、あなたのエンゲージメントは最高に高まるはずです。

第5章

「対話」しない職場は滅びる

エンゲージメントを引き出す対話とサーベイ

1 鏡に映るあなたはウソをついていないか？

自分の心にウソをついていない状態＝ライフ・エンゲージメント

あなたが仕事をするとき大切にしていることは何でしょうか。

第3章で紹介した「2019マイナビ新入社員意識調査～3カ月後の現状～」では、新入社員が社会人生活に大きく期待していることは「自分の成長」「新しいことへの挑戦」「収入」「社会や会社への貢献」などでした。入社時点から3カ月後に収入への期待が大きく伸びているところを見ると、その後も収入への期待がさらに膨らむのかもしれません。

給料も大切ですが、仕事のやりがいや、第3章で解説した職業人や人としての成長、第4章で説明した良好な人間関係、が伴わないとエンゲージメントは高くなりません。

私たちは「仕事」「自分の成長」「人間関係」、つまり「ワーク」「セルフ」「ソーシャル」という3つの歯車が、がっちりとかみ合って、「自分が本当に大切だと思えることに邁進できている実感」があれば、最高の充実感を持って日々を過ごせると考えています。

そんなときは心にウソをつく必要はありません。それがライフ・エンゲージメントであ

ライフ・エンゲージメント

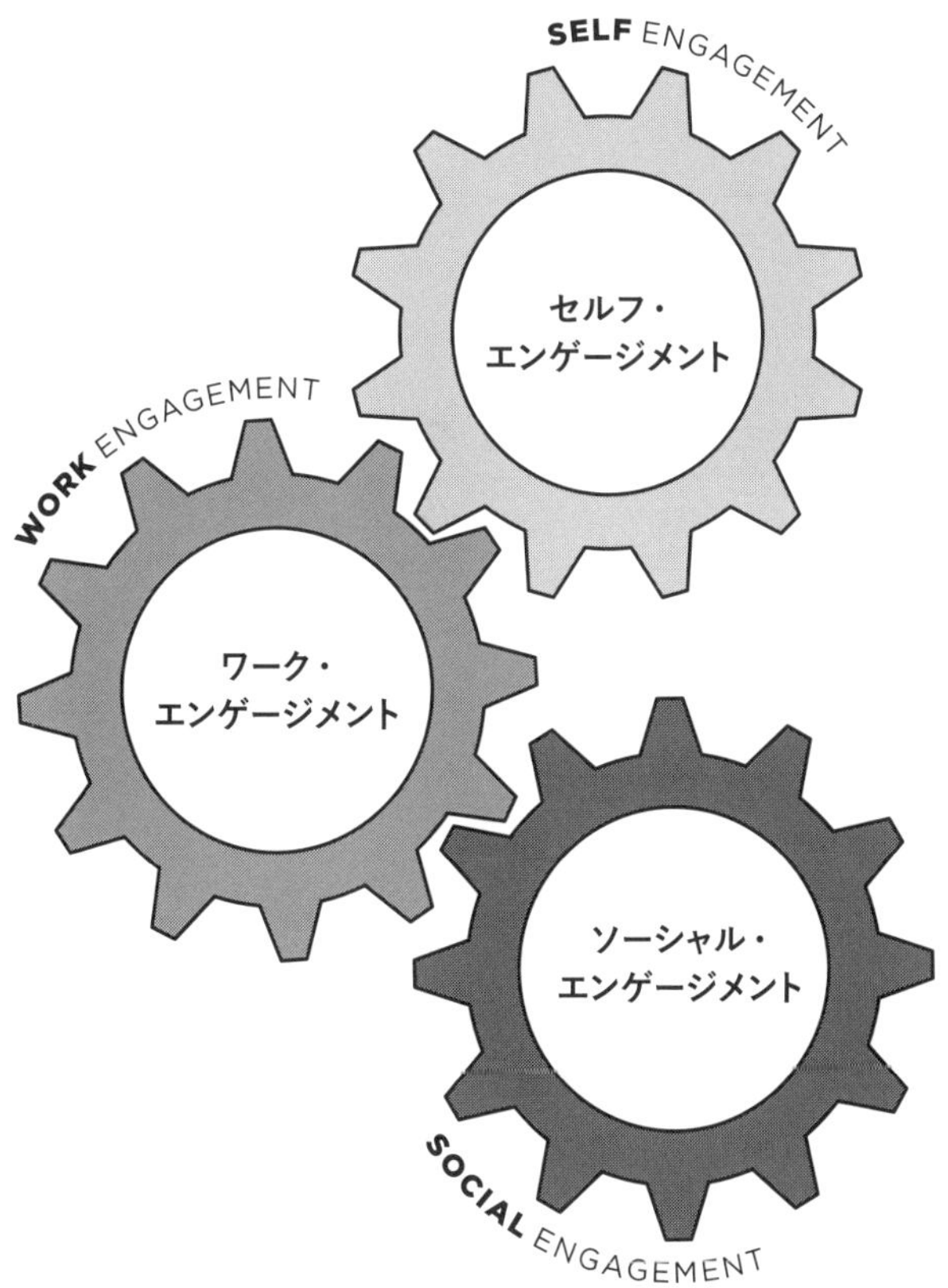

り、自分自身が周りとしっくりとかみ合っている状態です。

今日起きた5つの良いことを書き出す効果

あなたは自分が本当にやりたいこと、価値があると思っていることができない不満や鬱憤を、グチにして発散していないでしょうか。

口を開けば仕事の不平不満ばかり、そのくせ最後は「仕事だから仕方ない」という言葉で収めてしまう。そんな人には、同僚はもちろん家族や恋人も魅力を感じないでしょう。それに自分自身、グチばかりの自分に内心では嫌気がさしているのではないでしょうか。どの言動も、自分の心にウソをついているから生まれてくるのです。

それではどうすれば自分が今、ウソをついているかどうかがわかるのでしょうか。目をつぶって心の中で問いかけても、都合の悪い答えはなかなか出てきません。心がフタをしてしまうからです。この心のフタを外すのに必要なのが、エンゲージメントにとって最も大切な行動、「対話」なのです。まずは自分との対話。自分と対話するためにはどうすればいいでしょうか？

ここでいくつかヒントを述べましょう。

一つは、毎晩寝る前に鏡を見るのを日課にしているという、アメリカ人のエグゼクティブのケースです。その人は、鏡に映る自分に向かって、「今日一日、誰に恥じることもない良い仕事ができたか」「インチキはしなかったか」「いい加減なことをしなかったか」と問いかけるのだそうです。

もちろん毎日が100点満点とはいきません。正しくないことをしたという後悔があると、表情が曇ったり、つい目をそらしたりしたくなるといいます。そんな鏡の中の自分を見つめれば、ウソをついているかどうかは一目瞭然です。

また、ある日本のエグゼクティブは毎日、日記をつけていて、それによって自分が心にウソをついていないかを確かめるといいます。

その人は毎日、日記をつけるために必ず10分間、時間を設けています。そして常に、その日の自分の行動を振り返ることを心がけています。そのとき、行動の一つひとつについて、自分の心にウソをついた行動ではなかったのかと確認することができるのです。

毎日、日記をつけるのは大変だと感じた読者もいることと思います。であれば、その日にあった良いことを5つ書き出すという方法はどうでしょうか。これもある日本のエグゼクティブが実践していることです。

その人は寝る前にその日のことを振り返り、「3カ月間準備を進めてきたプレゼンが通った」「新しいお客様ができた」「付き合いの長いお客様と会食を共にし、大いに盛り上がった」などと、自分が嬉しく感じたことを箇条書きにしてメモに残しています。

こうして自分の心に従って成した行為を振り返ることで自分の行動に自信が持てます。効果はそれだけではありません。良いことを毎晩思い出していると、日常の中でも良いことに目を向けるようになり、ポジティブな気持ちが生まれるのでしょう。そのエグゼクティブは5つの良いことを書き出すようになってから、それまでよりもぐっすり眠れるようになったといいます。当然、睡眠の質も高まり、目覚めもすっきりしていて、気分爽快の朝が迎えられるようになったそうです。

毎日そんなに良いことなんて起きない、と思う方もいるでしょう。しかし、どんな些細な内容でもいいのです。「仕事でお客様が喜んでくれた」「自分の企画が初めて認められた」といった、仕事に関する良い記憶を並べられればいいのですが、それだけでは5つに足りないケースもあるでしょう。そんなときは「通勤電車で、途中、前に座っていた人が立ったので座れた。すごく疲れていたからラッキーだった」「久しぶりに早く仕事が終わり、家族と食卓を囲んで、子供の笑顔が見られた」といった、そんな個人的なことでも、自分にとって良いことであればいいのです。

そうすれば、自分の存在や成長が仕事とプライベートの両方に結びつき、たとえささやかであっても充実感を得ることができ、仕事や家庭に対するエンゲージメントが高まっていくきっかけになります。自分との対話は決して難しいことではありません。ぜひ一度、試してみてください。

2 職場に活気を取り戻す

エンゲージメントカードから職場が活性化

前項で自分自身のエンゲージメントの高低を見極める自分との対話の方法を紹介しました。鏡を見る、日記を書く、今日あった5つの良かったことを書き留める、そんな方法を通じて、自分にウソをついていないか、エンゲージメントが感じられる行動を取っているかを確認できると説明しました。これは自分との対話です。

ここからは、あなた一人だけではなく、他の人と共にエンゲージメントを高めていく対話の方法を話していきたいと思います。ここでは職場を舞台とします。

職場でのエンゲージメントにまず関与するのが上司と部下の関係です。あなたが部下を持つマネジャーの場合、その立場で読んでいただければいいですし、あなたが部下の場合はその立場で読んでください。

また、あなたがマネジャーの場合、もちろんチームのエンゲージメントを高めるために何をすればいいかを考える必要があります。しかし、あなたがマネジャーだとしても、会社全体から見ればあなた自身も社員の一人です。したがって、メンバーのエンゲージメントを高める術を知ることは、自分自身のエンゲージメントを高めることにも役立つと考えてください。

以前、ある企業の経営者と話していて、会社組織としてのエンゲージメントとはどのようなことかという話題になったことがあります。

そこで一致したのが、「エンゲージメントが高い会社は、マネジャーがしっかりしているだけでなく、会社の雰囲気がよくて、社員に活力がある」ということです。

表情がニコニコしているとか、仲がよさそうだという意味ではありません。会話が少なく緊張感漂うような職場の雰囲気だったとしても、空気が淀んでおらず、一体感のようなものが感じられる。それが「活力」です。

その経営者の企業では、チームのマネジメントのためにマネジャーだけがエンゲージメントを学び、それを活用するように指示していました。しかし、あるときから方向転換しました。エンゲージメントの概念を書いたカードを作成し、一般社員にも渡して、「エンゲージメントを高めるために、こうしたほうがいいと思うことなら、誰でも自由に言っていい」というやり方に変更したのです。

その結果、どうなったと思いますか。

明らかに職場の雰囲気が変わりました。活発な議論が生まれ、意見の対立があっても人間関係が壊れなくなった。つまり、職場が活力にあふれるようになったというのです。

トップ自らが「誰もが発言していい」と明言したことにより、みんなが職場の問題を自分事として捉えるようになり、ミーティングでも発言数が増えたそうです。もちろん、発言が活発になったからといって、すぐに仕事の効率や業績アップにつながるとは言えないかもしれません。恐らく定量的な効果は後から出てくるのでしょう。それより前に職場の雰囲気が良くなるなど質的な変化が現れたのです。

これは、エンゲージメントというキーワードを入り口に、職場での対話が広がった好例であると言えます。

上司の役割が数値管理から対話へ

自由な発言の場をつくることによって組織に活力を生む例を見てもらいました。組織のメンバー全員が言いたいことを言い合う、そういう雰囲気はエンゲージメントを高めます。しかし、自分が言いっぱなしでいいわけではありません。お互いの「対話」がきちんと成り立っていなければいけません。

「対話」とは、まず相手の言葉を受け止めることから生まれます。

チームメンバーの一人が「この職場にはAが必要だ」という提言をしたとします。経験を積んだマネジャーの場合、「それは違うんじゃないか」と瞬時に判断することもあるでしょう。そう思っても、エンゲージメントを高めるためには、いったん受け入れることが重要です。

マネジャーがメンバーの提言をいったん受け止める姿勢で臨めば、メンバーには「自分の意見を聞いてもらえた」という思いが生まれます。たとえ自分の提案が実現しなかったとしても、「次はもっといい提案をしよう」という意欲が湧いてくるでしょう。自分の発言が否定されることなく耳を傾けてもらえたという思いは、人を前向きにし、会社やチームに対する自発的な姿勢を引き出します。

逆に言えば、活力のない、停滞している職場には「対話」がありません。

メンバーが何かを提案すると、マネジャーが即座に否定するような職場では活力が生まれません。提案したところで、「何を言ってるんだ、そんなの無理に決まってる」と否定されるだけなら、「言ってもムダ」と思って口を閉ざしてしまうでしょう。そこに残るのはエンゲージメントを欠いた、上司から部下への「指示」や「命令」だけです。はたして、そんな職場に長く居続けたいと思う人がいるでしょうか。

従業員のやりがいや成長の度合いを図るスケールとしてエンゲージメントが注目されるようになった今、再びコミュニケーションの重要性が見直されています。

有名大手コンサルタント企業では、マネジャーの役割を数字の管理から部下とのコミュニケーションへと大きく変えました。

業績や労働時間、仕事の効率といった数字の管理はシステムに任せ、上司はもっぱら社員とのコミュニケーションを担います。たとえば、今までは定期的に長期休暇を取ってきた部下があるときから長期休暇を取らなくなったら、仕事や私生活で問題を抱えているのかもしれないと考えます。そこで手遅れにならないように部下を呼び、対話を通じて問題点を探るのです。これがマネジャーの新しい役目というわけです。

どんなに業績優秀でも、数字を見ただけでは、その人がどんな価値観や意欲を持って仕事に取り組んでいるかまではわかりません。結局は「対話」というコミュニケーションを通じて、人が判断するしかないのです。また、対話を通じて自分を知ってもらったという満足感は、社員のエンゲージメントを高めてくれます。

社員が「この会社のために頑張りたい」と思い、成長することが会社の成長につながります。社員が高いエンゲージメントを維持しながら働き続けられる環境を、どうすれば整えられるか。この企業が考え抜いて行きついた答えの一つが「対話」、すなわちコミュニケーションというわけです。

ここまで見てきたように、エンゲージメントの要になるのが「対話」です。では、どうすれば質のよい対話を生み出し、エンゲージメントにつなげることができるのでしょうか。

3 あなたの職場は、いい職場？

エンゲージメント・サーベイの使い方

エンゲージメントは人の健康に似たところがあります。

最近、何となく体調が良くないなと思ったら、まずは自分の体がどんな状態か知ろうと健康診断を受けるでしょう。

悪い部分があるなら、それを知ったうえで、薬なのか生活習慣の改善なのか、その症状に応じて健康になるための最適な方策を考えます。

職場においても同じです。職場にスタッフが定着しない、今一つ活気がない、みんな熱意はあるけど空回りしている、ミーティングがお通夜みたいだ……。社員間の「対話」が少なく、エンゲージメントが低い職場は、様々な問題を抱えています。

問題を解決するためには、原因を探る必要があります。原因がどこにあるかを探るツールが「エンゲージメント・サーベイ」です。

エンゲージメント・サーベイはすでに多くの企業で使われています。各社が提供しているサーベイはどれもよく考えられていて、それぞれに良い点があります。なかには大量のグローバルデータをもとに、国際比較もできるようなサーベイもあります。

ESとエンゲージメント

会社のサーベイというと、従業員満足度調査（ES調査）を思い浮かべる人がいるかもしれません。一時期、我も我もという感じで導入されました。読者の中にもES調査に答えた経験のある人がいることでしょう。

実は、ESは以前ほど注目されなくなっています。

最近、企業に〝ES離れ〟〝ES疲れ〟の傾向が見られるようになっているのです。

ESとは、Employee Satisfaction、つまり従業員満足のこと。経営の世界では長らく、企業の業績をよくするにはCS（customer satisfaction ＝顧客満足）が重要だと考えられてきました。しかし、そもそも従業員がイキイキと働いていないと、顧客に品質のいい商品やサービスを提供できません。そのため近年はCS以上にESの向上を重視する風潮が続いていました。

ところがここにきて風向きが変わり、企業はESに懐疑の目を向けつつあります。

まず大きいのは、ＥＳが向上しても社員のパフォーマンスが必ずしも高まらないことが見えてきたからでしょう。

考えてみれば当たり前です。ＥＳは、個人の期待値に大きく左右されます。たとえば一生懸命働くよりのんびりすることに満足を覚える人は、適度に手を抜ける職場のほうが満足度は高くなります。また、毎月、それなりの給料をもらえさえすればいいという人は、顧客がいかに満足したのかに気を配ったりしないでしょう。

結局、適当に働いて楽して稼ぎたいという人がいる限り、いくらＥＳを向上させてもハイパフォーマンス組織にはなりません。ハイパフォーマンスを求めたら、むしろＥＳが下がりかねないのですから、企業が頭を抱えるのもよくわかります。

一般的にＥＳが高まれば、離職率は低下します。

たとえばオリエンタルランドは、２０２２年度までに、現在約2万人いるパートやアルバイトのうち３０００~４０００人を正社員化する計画を発表しています。オリエンタルランドの平均勤続年数は約16年で、あまり人が定着しないテーマパーク業界では長いほうです。しかし、業界では優等生の同社でも、人手不足は深刻。特に東京ディズニーリゾートは２０２２年に東京ディズニーシーの拡張を予定しています。サービスレベルの高い人材を確保するために従業員の待遇を改善してＥＳ向上に努めるのは、理にかなった施策と言えるでしょう。

ＥＳ調査が従業員のストレスに

企業がＥＳに懐疑の目を向け始めたもう一つの理由は、施策に限界があることです。たとえばＥＳ調査を行って、従業員が「給料が低い」「会社が遠い」「ロゴが格好悪い」「社員食堂がまずい」などの不満を抱えていることが判明したとしましょう。

これらの不満を解消するためにはお金がかかります。しかし、そのお金をポンと出せる企業は多くありません。儲かったときに賞与で還元することくらいはできるかもしれませんが、大幅なベースアップは経営上のリスクがあります。また、本社の移転の引っ越し代や、ロゴ刷新に伴うクリエイティブや新たなパンフレットなどの印刷代、食堂の新しい業者選定の費用など馬鹿になりません。そのため経営者にＥＳを改善する意識はあっても、結局は「何もしない」「やってもあまりお金のかからないものだけ」という選択をしがちです。

問題は、何もしないという選択をした後です。

実はESを調査するときは、多いところでは従業員に100問近い質問に答えてもらう必要があります。これはそれなりの時間がかかり、従業員にとっても大きな負担です。それでも我慢して質問に答えるのは、調査に協力することで満足度の高い職場になると期待しているからです。

ところが、経営層はコストを理由にしてアクションを起こしません。お金と手間がかかることは結局なかなか実現できないのです。コンサル会社から分厚いレポートを受け取っても、「なるほど、社員はこんなところに不満を抱えているのか」と感心しながらも、何から手をつければいいのかわからないことが多いのです。

もちろんESの調査結果からアクションプランを立て、社員に可視化して実際に取り組んでいる企業もありますが、なかなかそこまで手が回っていない企業が多いのが実情です。アクションにつながらないES調査は、ただの情報収集。そんなことが続くと、社員は「あんなに時間をかけて答えたのに何も変わらない」「ただの情報収集にあれだけ時間を取られたのか」と徒労感でいっぱいです。これでは満足度が高まるどころか、会社に対する不信感が増すばかりです。その結果、ますます満足度が低下し、ついにはES調査を受けることさえ嫌がるようになる悪循環が生まれがちです。

ＥＳ調査が逆効果になるなら、はじめから手をつけないほうがいい。最近はそう考えてＥＳ調査をやめる企業もあります。

経営指標はESからエンゲージメントに

サーベイの結果をパフォーマンスの向上につなげるためには、従来の方法論に縛られず、新しい切り口でアプローチをすることが大切です。

新たな切り口として非常に有効な視点が、これまでお話ししてきたエンゲージメントです。そして、企業が自社のエンゲージメント度合いを測るための手法がエンゲージメント・サーベイ（エンゲージメント調査）なのです。

まず、エンゲージメント・サーベイはＥＳ調査とはアプローチの仕方が違います。従業員に投げかける質問は、考えさせるものが多いところが特徴です。

「あなたは仕事を通じて成長できていますか？」と問われたら、「成長って何を指すのだろう」と思いを巡らせ、「あのプロジェクトでの経験は成長といっていいのかな？」と考えます。サーベイを受けること自体が社員に考えさせる効果があります。サーベイを経験した人の中には、「サーベイをきっかけに仕事への取り組みを考え直した」という声もあります。

また、先ほど、ESが向上してもパフォーマンスは必ずしも高まらないことを指摘しました。たとえばのんびり仕事がしたいと願う人にとっては、緩い職場こそが満足度の高い職場。その理想に近づくほど、逆にハイパフォーマンスからは遠ざかります。

このようなケースが起きるのは、個人が望むものと組織が目指すものが合致していないからです。逆に言うと、それが一致した状態、つまりエンゲージメントが高い状態をつくれれば、ES向上をパフォーマンスの向上につなげることも期待できます。

その実現のためには、企業は職場のコミュニケーション促進に力を入れるべきです。

ESは「給料」「福利厚生」「職場の人間関係」「評価制度」など様々な要素によって左右されますが、このうち給料や福利厚生を充実させても、ESは高まりこそすれ、エンゲージメントは必ずしも高まりません。

一方、良好な人間関係の構築は、ESと同時にエンゲージメントも向上させます。ならばどちらに比重を置いて改善すべきか明白でしょう。

エンゲージメント・サーベイで次に打つべき手が見える

エンゲージメント・サーベイを受けてみると良い結果もあるでしょうが、期待とは異なる、予想外に悪い結果が出ることもあります。ここで企業が気をつけなければいけないのが、「こんな結果が出てどうするんだ！」「誰がこんな低い評価をつけたんだ！」と従業員を問い詰めることです。なぜなら、サーベイは組織の状態を測るツールであり、個人を特定して責める道具ではないし、そもそも個人を特定できないのが原則だからです。

サーベイの結果は、それが組織の現在のありのままの姿だと素直に受け止め、どうすれば今よりエンゲージメントを高められるかを考える契機にするのが正しい活用法です。思った以上に良い結果が出たとしても、そこで安心してしまうのではなく、さらにエンゲージメントを高めることを目指すべきでしょう。

エンゲージメント・サーベイの目的は、組織の現状を客観的に把握し、対話を生むことにあります。仮に職場のサーベイが悪い結果だったとしても、「もっとよくしていける、伸びしろがあるということだ」と、前向きに捉えることが大切です。どんなに素晴らしい調査やサーベイでも、目的はそれ自体ではなく、次のアクションにつなげることなのです。

ＥＳ離れ、ＥＳ疲れを起こしている企業は、従来の取り組みにぜひエンゲージメントの視点を加えてみてください。

特に鍵を握るのは職場の人間関係です。良好な人間関係が生まれる職場をつくることで、ESのみならずエンゲージメントが高まり、ハイパフォーマンス組織へと変わっていくことが可能です。

4 会社を救う「エンゲージメント・サーベイ」

サーベイは対話を生み出す

いろいろな会社が独自のエンゲージメント・サーベイを用意していますが、質問はおおむね以下のような内容で構成されているケースが多いです。

・組織の活動
・自分の仕事に意味を感じられているか
・組織が自分に期待していることを明確に理解できているか

・自分の強みを活かして組織に貢献できているか
・自分の努力が周囲にきちんと承認されているか
・上司や同僚と良好な人間関係を築けているか
・仕事を通して、人として、ビジネスパーソンとして成長できているか

個人の能力や価値観を知るための強み分析と違い、エンゲージメント・サーベイでは従業員に匿名で自由に答えてもらい、そこから今の組織がどのような状況か分析します。例として『マイナビ エンゲージメント・リサーチ』を見てみましょう。

『マイナビ エンゲージメント・リサーチ』では、まず、前述のような設問を約100問用意して従業員の回答を得ます。この回答内容からエンゲージメントに影響を与えているいくつかの要素を含めたエンゲージメントの状態を測定し、アウトプットとして数値やタイプ別に表すことで現状を可視化します。

測定後のアウトプットから気になった項目については、部署別・役職別・性別といった多軸分析の結果を見ることで、より詳細に把握することができます。たとえば管理職と一

一般的なエンゲージメント・サーベイの流れ

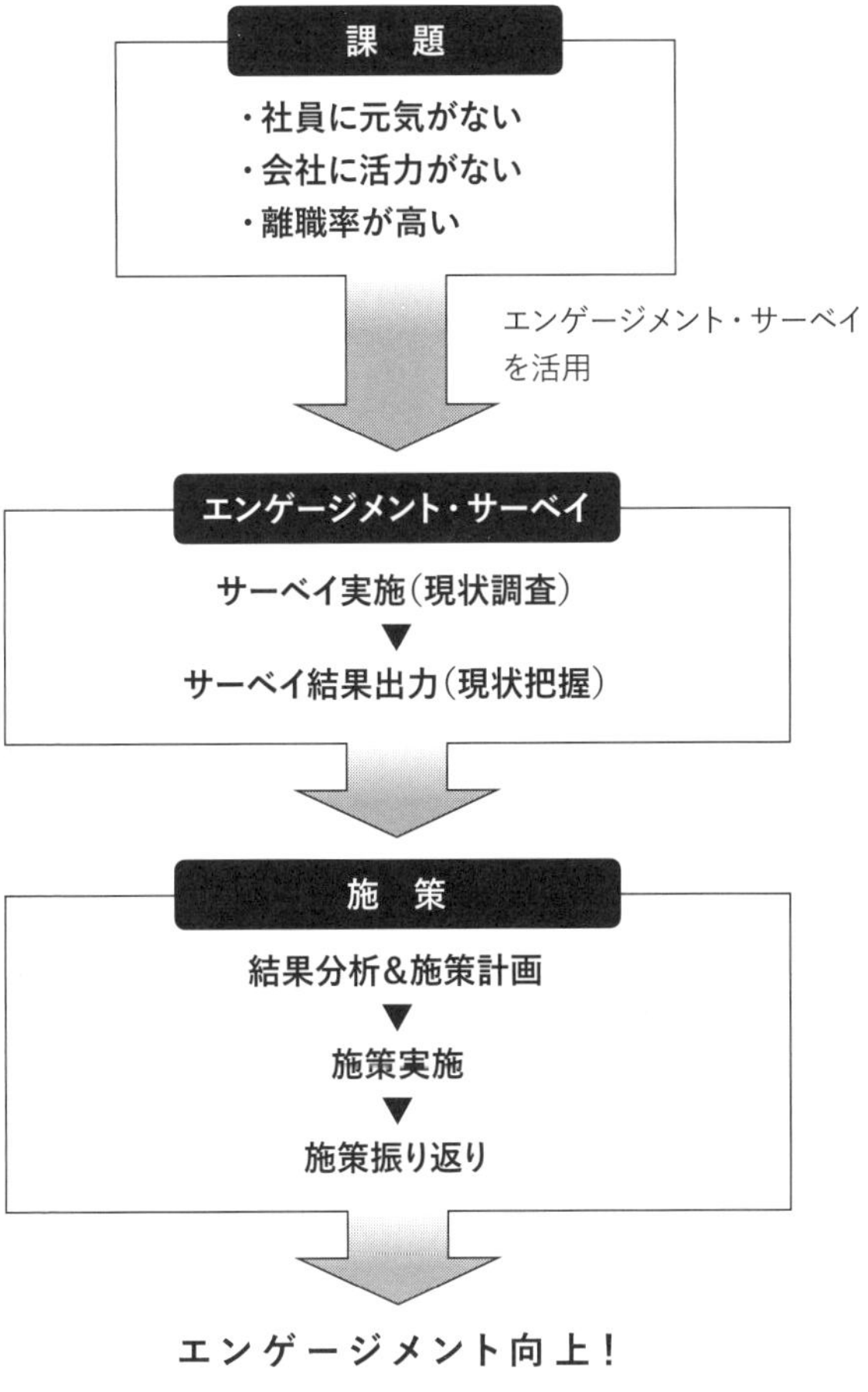

課題

・社員に元気がない
・会社に活力がない
・離職率が高い

エンゲージメント・サーベイを活用

エンゲージメント・サーベイ

サーベイ実施（現状調査）
▼
サーベイ結果出力（現状把握）

施策

結果分析＆施策計画
▼
施策実施
▼
施策振り返り

エンゲージメント向上！

般社員ではどちらのエンゲージメントが高いのか、どの部署のエンゲージメントが低いのか、といった傾向など、様々な角度からエンゲージメントの状態を見ることができるのです。

ここまでの説明から、より具体的にイメージをつかむために例をあげて考えてみましょう。

たとえば、ある組織で『マイナビ エンゲージメント・リサーチ』を実施した結果、エンゲージメントに影響を与えている要素のうち上司が部下の支援を適切にできているかを示す「適切な仕事支援」が管理職では高く、一般社員では低い傾向にあったとします。この結果から「マネジャーは適切に仕事の支援ができていると感じているが、従業員は仕事の支援が十分ではないと感じている」という仮説を立てることができます。すると、管理職にティーチングやコーチングの研修を受けさせたり、管理職支援のマニュアル作成といったアクションにつなげることができるのです。

また、マイナビでは、エンゲージメントに関する調査を継続的に行っています。2019年に実施した1200名の会社員を対象としたエンゲージメントに関する調査（城戸楓東京大学特任助教へ分析を依頼）では、エンゲージメントと離職意向の関係「エンゲージメン

マイナビ エンゲージメント・リサーチのサーベイ結果見本

エンゲージメントランク

貴社が弊社累積の一般企業データと比較してどのくらいのエンゲージメント状態にあるのかをランク付けをしています。

影響要因

貴社の影響要因を集計し、他セグメントや全社平均と比較しています。

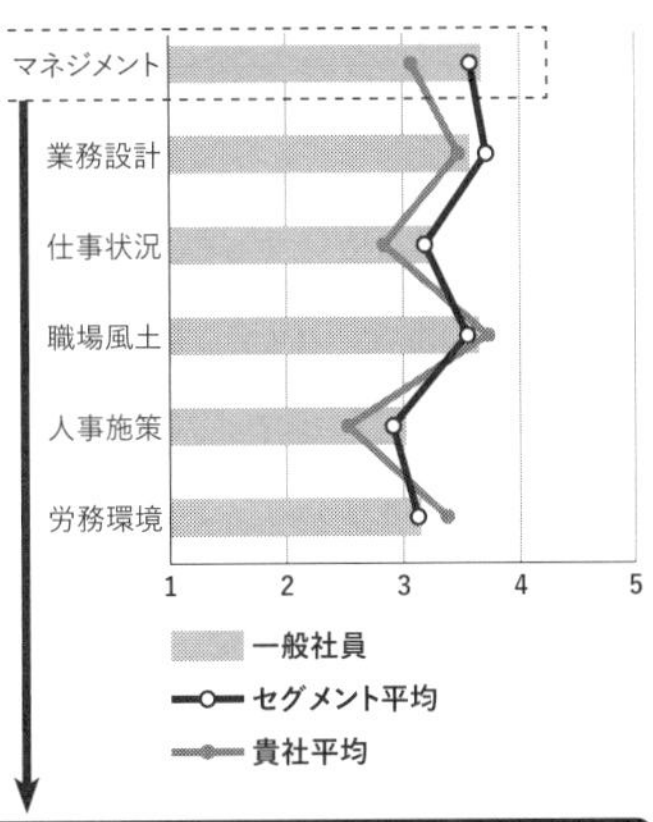

「マネジメント」役職別×因子別

○○セグメントについて、影響要因「マネジメント」を役職別・因子別に見たグラフです。

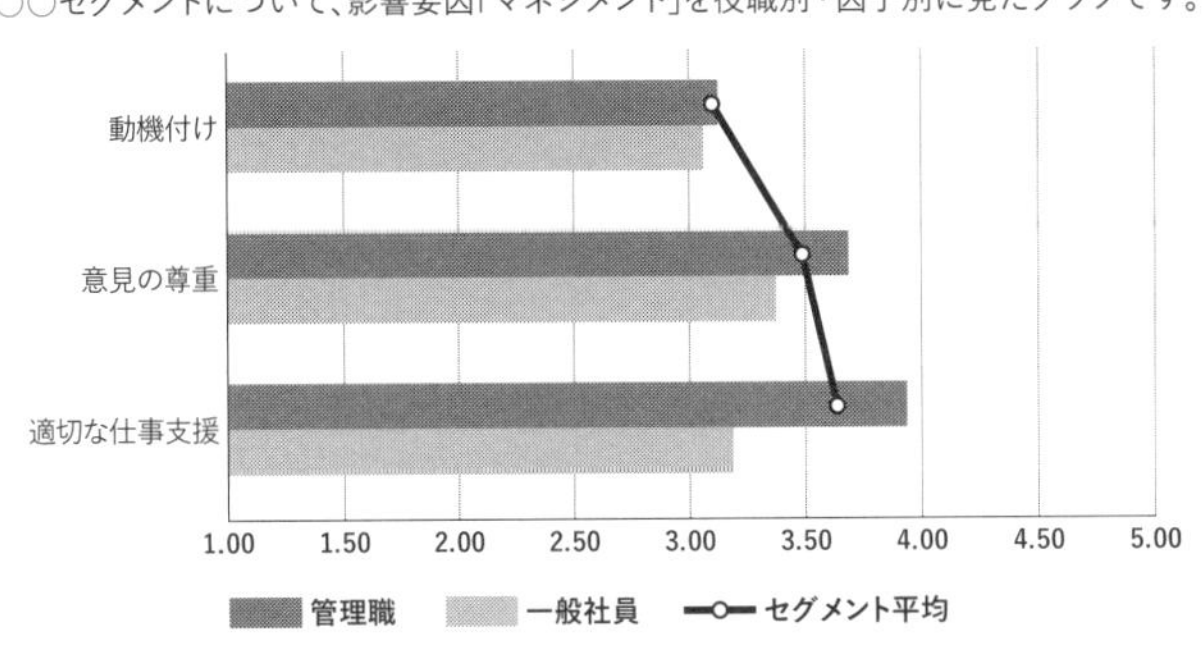

トが高いと、離職欲求強度（離職したい気持ちの強さ）・離職欲求頻度（離職したいと思う頻度）が下がる傾向がみられる」、やエンゲージメントと幸福感の関係「エンゲージメントが高いと幸福感（仕事を含めた人生の幸福感）が上がる傾向がみられる」などの結果が出ました。従来、指摘されていた離職の意思とエンゲージメントとの関係があらためて確認されました。

サーベイで大切なのは次のアクション

つい先日、ある大手企業の人事担当者の方たちと会う機会がありました。その会社ではこれまでＥＳを実施していたのですが、今後、指標をエンゲージメントに切り替えることにし、ついてはどこのサーベイが自社に適しているかをリサーチしているとのことでした。

それを聞いて先方に最初に投げかけた質問は、「そもそも何を目指してサーベイをやりたいのですか？」というものでした。

すると担当者は驚いたように「そんなことを聞かれたのは初めてです」と言いました。それまで訪れたどの会社でも、説明されたのは「どのような定義で、どのような尺度を、どんな形で評価するか」ということばかりで、サーベイの目的は何か、そして結果をどのように利用するかまで尋ねてくるコンサルタントはいなかったというのです。

そこであらためて「サーベイは、対話を生み出すことに意義があります」と説明しました。

そのとき、それまで黙って聞いていた一人の担当者が「よくわかります」と言いました。その方は前職で外資系企業にいて、みんなのエンゲージメントが非常に高いと感じていたそうです。なぜだろうと不思議に思っていたのですが、「上司と部下の1on1ミーティングも頻繁にありましたし、同僚との会話もありました。それでエンゲージメントが高いと感じていたんですね」と、長年の疑問が解けたような顔をしていました。

確かにサーベイを利用すれば、職場の状況がデータとして見えてきます。しかしそのデータがきっちりしていればいるほど、数字を理解することにとらわれてしまい、対話を通じてアクションにつなげるという本来の目的を見失いがちです。

もちろん数字を読み解くことも大切です。業種によっては国際比較する意味もあるでしょう。しかしそれよりも大切なのは、「こんなに低かったんだけど、理由は何だろう？みなさんの意見を聞かせてください」という問いかけなのです。

5 令和時代の職場の鍵は「感情」

「感情」を大切にするミレニアル世代

エンゲージメントに「対話」が必要なことは多少おわかりいただけたかと思います。「対話」をする際に重要なのは、お互いの気分を慮ること、つまり「感情」に配慮することです。ここで少し「感情」と職場の関係を見てみましょう。

いま「感情」を重視する世代が国を問わず、社会の主力になってきています。第2章でも少し登場した、1980年代から1990年代半ばまでに生まれたミレニアル世代です。日本ではゆとり教育世代とも呼ばれる今の20～30代前半の人たちですが、この世代は離職率が高い傾向があります。デロイトトーマツの調査によると、ミレニアル世代の約半数が、2年以内に離職する意向がある、と回答しています。(2019年デロイトミレニアル年次調査)

またミレニアル世代には仕事に意味を求めるという共通点もあります。新人にちょっとした雑用を頼んだら、「それを自分がやる意味はあるのですか?」と言い返されて唖然としたなどというのは、今では笑い話にもならないくらいよくある話です。

そして子供の頃からＳＮＳがある環境で育った彼らは「つながり」を非常に大切にしています。そしてその「つながり」をつくっているもの、それが「感情」です。彼らは、傷つくのも、傷つけることも嫌うため、直接的に人と接するのが苦手ですが、ＳＮＳへの投稿で見知らぬ人たちからの「いいね！」を集めることで承認欲求を満たすことには慣れています。こうした「つながり」を求める彼らは同時に「感情」を非常に重視するのです。

Ｆａｃｅｂｏｏｋやｔｗｉｔｔｅｒ、Ｉｎｓｔａｇｒａｍといった、ネットでのコミュニケーションを司る企業が世界を席巻している現状を見ると、この「感情」を重視する傾向は一過性のものではなく、この先も続くものと考えたほうがいいでしょう。

「感情」に配慮したオフィス

それでは、どうすればミレニアル世代のような「感情」を重視する人たちのエンゲージメントを高め、能力を発揮してもらうことができるのでしょうか。そこに知恵を絞る企業が、今、どんどん増えています。

ここまで何度か出てきたグーグル日本法人のオフィスも社員の「感情」に十分に配慮した職場づくりをしています。

「グーグル」と聞くと先進的で華やかなイメージを持つ人も多いと思います。しかしエンジニアの実際の仕事は、パソコンの前で黙々とタスクをこなしたり、サーバー関係など肉体的な負担のかかる「意外と地味」な業務も少なくありません。そのあたりの事情は、ほかの職場とそれほど変わりないのです。

ただ、社員の「感情」に配慮して、どうしたら楽しく働けるかを考えているところが、この企業のすごいところです。グーグルでは、社内各所に、これまで行ってきた企画などにまつわるモノが展示されているそうです。OK Googleのセットなど仕事にまつわるものから、エイプリルフール・イベントのコンテンツやポスターまで、社員たちのワクワク感を盛り上げるために、そこかしこに楽しい展示を置いています。これで社員たちのやる気を引き出し、テンションを高めているとのことです。

またグーグルのオフィスでは、働く人の好きなもので職場を装飾していいことになっているそうです。家族の写真はもちろんのこと、お気に入りのフットボールチームのグッズでデスクを飾っても咎められることはありません。新入社員に向けてオフィスに垂れ幕を張って、大歓迎の意を表したりすることもあるようです。これほどの自由が許されているのも、職場で「感情」を重視することが、今の時代のマネジメントに非常に重要なことをグーグルが認識しているからです。こうした気配りをしたほうが、いい成果が出て結果的に企業も得をすることを、これまでの経験からわかっているのです。

令和時代は「給料」よりも「感情」

第1章で、サッカーの元オリンピック代表監督・山本昌邦さんの指導法について触れました。海外チームに移籍したければ、そこを目指して成長を手助けする代わりに、今はチームに貢献しろというものです。ドライなようにも感じますが、ある意味、「おまえにはそれだけの実力がある」という評価であり、「私はおまえの成長に期待しているよ」という関心の表れでもあります。

社員が楽しく働ける環境を整えるのも、同じではないでしょうか。「会社はみなさんが働きやすいよう常に考えています」という姿勢は、「ここまで社員のことを考えてくれる会社のために役立ちたい」というポジティブなエンゲージメントにつながります。「会社が自分を育ててくれた」という気持ちがあれば、仮にいったん他社に転職したとしても、そこでさらに成長し、再び会社のために役立ちたいと戻ってきてくれるかもしれません。最近では「出戻り社員」も珍しくなくなっています。

「給料を上げるからもっと働け」という旧来のやり方は、仕事さえこなすなら誰でもいいということでもあります。その人自身に関心があるわけではないので、多少能力は劣っても、給料は安くていいよという人が現れたら簡単に切り捨てられるでしょう。そんな職場では、自分も含めた組織の未来図を思い描くことはできません。エンゲージメントが高まるはずはないのです。

新時代、日本の元号で言えば、「令和」時代のマネジメントの鍵は職場での「感情」の扱い方にある、と言っても過言ではありません。社員の「感情」に配慮した職場づくりとマネジメントを行うことで、よりエンゲージメントが高まり、企業も大きな成果を得ることができる……これからはますますそういう時代になっていくことでしょう。

6 「ひたすら」話を聞けますか？

傾聴は対話の最高のテクニック

「対話」や「感情」が企業にとって非常に重要になってくる、というのがここまでの話です。そして、よい「感情」を引き出すための「対話」を構築し、エンゲージメントを高めるためにエンゲージメント・サーベイが有効であることを述べました。それではどうすれば職場で高いエンゲージメントをつくるための有効な対話が行われるのでしょうか。

前述したように、「対話」では、まずは「相手の話を遮らない」、最後まで聞いて受け止めることが大前提です。「傾聴」することが重要です。

それにはまず自分が上司だとか、相手が成績の芳しくない部下だということからくる思い込みを排除する必要があります。

自分のほうが上だという意識があると、どうしても「そうじゃないだろう」「言いたいのはこういうことだろう」と口を挟みたくなります。普段からコミュニケーションが円滑でない関係性のうえで、これをしてしまうと、「どうせ何を言っても聞いてくれない」と、相手はますます殻にこもってしまいます。

2000年代初頭に資生堂社長に就任した池田守男氏（故人）は、秘書室にいた経験をもとに「リーダーは現場に奉仕するべきだ」と考え、徹底的に現場社員の声に耳を傾け、業績をV字回復させました。

ほかに傾聴の達人といって思い浮かぶのは、IT系クリエーターの人材派遣会社、イマジカデジタルスケープの篠原淳社長です。本書の著者である土屋が尊敬するビジネスパーソンの一人です。仕事ぶりを拝見すると、彼は若いスタッフにも敬語で接し、決して話を遮らず、社内のいろんな場所で話を聞き、人間関係の調整も巧みな印象です。誰にでも敬語で話すといっても壁のある感じではなく、優しくうなずきながら話を聞きます。おかげで社員からの信頼がとても厚いようで、彼が社長に就任したときは、うれしさのあまり泣き出すスタッフもいました。社内外問わず大勢の人と対話し各所で良好な関係を築いています。

傾聴はグループミーティングでも使えますが、威力を発揮するのはやはり1 on 1ミーティングです。特にエンゲージメント・サーベイの後には1 on 1を強く意識する必要があります。

対面して話を聞くに当たっては、相手の情報をある程度入手しておくほうが役立つのは言うまでもありません。そのため、強み分析も同時に行うといいのです。ポイントは、最初にどんな質問を投げかけるかにあります。

たとえば「あなたが今までやってきた中で、一番楽しかった仕事は?」とか「自分として最高だと思った仕事は?」と問いかけます。すると「○○のプロジェクトです」などと答えます。それに対し「それのどこが最高だったの?」などと問いを重ねていきます。

ここで大切なのは、最後まで相手の話を聞き切ることです。メンバーにはじっくり考えるタイプの人や、口下手な人もいます。沈黙が続くと、つい「あの時の経験なんかどう?」などと口を出したくなるかもしれませんが、それは相手の思考を遮り、会話を誘導することになってしまいます。

時には仕事のことだけでなく、人生全般に関わる対話も必要でしょう。なぜなら「家族のために働いている」という人や、「過去の体験から今の仕事に誇りを持っている」という人もいるからです。

そんなやり取りの中から、その人が何を大切にしているかが見えてきます。大きな成果を上げて社長賞を取ったのが最高だった人、仲間とうまくやることを重視する人、困っている人を支援し感謝されることにモチベーションを感じる人、今までできなかったことができるようになって喜びを感じる人、など様々でしょうが、そこにその人の価値があり、強みがあるということです。

もちろんここまで引き出すには時間がかかります。人によっては、1on1を数回繰り返す必要があるかもしれません。大きな組織でやるとなるとかなりの時間がかかりますが、小さなチームであればそれほど時間はかかりません。それに最初の問いかけは、全員に対して同じ質問でかまいません。あとは「なぜだろう?」「どのようにして?」と掘り下げていくだけですから、慣れてない人もやりやすいでしょう。

相手の強みを把握したうえでの会話は、双方にとってとても気持ちいいものです。たとえばゼロから何かを作るのが得意で、日頃からそういう仕事をしたいと思っている人が、「あなたは新しいものを作るのが得意ですよね」と話題を振られたら、自分が認められた気がして嬉しいでしょう。

そのうえで「ほかのメンバーはそういうのは苦手だから、ちょっと発想の仕方を教えてくれないかな」とか「この前のプレゼンはすごく良かったから、次もやってくれませんか」と言われれば、チームのためにももっと頑張ろうと思うでしょう。そんなメンバーの表情を見たら、きっとマネジャーは彼・彼女のこれからの成長にワクワクしてくるのではないでしょうか。

いずれにしろ、対話を通じてメンバー全員のエンゲージメントを高めることができれば、チームとして成長するだけでなく、あなたもマネジャーとして成長できるということです。

ヤフーに見る1on1ミーティング

ヤフーでも週に1回30分程度の1on1ミーティングが行われています。北海道大学客員教授でもあるヤフーの本間浩輔氏の著書『ヤフーの1on1』によるとヤフーの1on1ミーティングの目的は、上司が部下の経験学習を促すことにあります。

たとえば、ある社員が数日前にプレゼンテーションに失敗したとします。その後の1on1ミーティングでは、上司が部下に失敗したプレゼンを思い出すことに付き合い、「うまくいったときと今回の違いは何だったと思う?」「同じような経験はあった?」など質問をしながら、部下の内省を支援します。その結果、部下は失敗したプレゼンから教訓を引き出し、その経験を次のプレゼンに活かす、というわけです。

それ以外の目的としては、純粋に社員の才能と情熱を解き放つことがあげられます。いろいろな仕事を経験した後、上司や職場の仲間からの観察をもとに、自分の経験を振り返りながら自分の職業観について考えることを促すのです。

こうした1on1ミーティングの具体的な効果としては、上司と部下がコミュニケーションを取るきっかけになる、相談や評価をタイムリーに受けることができる、上司が部下の情報を得ることができる、などがあります。

1on1ミーティングがうまくいったかどうかの判断基準は、部下が「話してよかった」と思うかどうかです。

ヤフーの1on1ミーティングの最大のポイントも、やはり傾聴です。「もう少し状況を話してもらえますか」などと言って部下に十分に話してもらうこと、途中に質問するなどして話を遮らず最後まで聞くこと、などです。

上司が先に自分の考えを言わないことも重要です。意見を言うのではなく、部下の言葉を言い換えるのです。部下が「僕には能力がないから」と言ったとします。そのときに「そんなことないよ」と返すと部下はホッとして、思考がそこで止まってしまいます。返し方としては「自分には能力がないと思っているのかい？」などとニュートラルに返答し、部下の思考の継続を促すことが重要です。

また、上司は、上司と部下という関係を認識し配慮する必要があります。上司は部下の評価や異動への影響力を持っているため、部下はなかなか本音を話さないものです。部下は本音を話しにくいものである、という前提を上司は忘れてはなりません。

また話の最後を、「次はどうしていこうか」といったような具体的な行動目標の問いで終わらせることもヤフーでは重視しています。日本の多くの職場で始まった1on1ミーティングの流れは今後ますます大きくなっていくでしょう。どの職場でも上司と部下の「1on1の対話」が日常の光景になっていくのかもしれません。

7 部下が心を開く「対話」の威力

チームのお荷物が輝き出す

1on1の「対話」が職場にもたらすメリットがいろいろ見えてきたと思います。1on1ミーティングの、これまでにあげたもの以外のメリットとして、相手に対する興味が湧いてくることがあげられます。

無関心はエンゲージメントを下げる最大の要因です。しかし傾聴を通じてその人がどんな人か見えてくると、「こんな課題を与えたらもっと成長するのではないか」「こんな形でプロジェクトに参加してもらったら、もっと能力を活かせるのではないか」と、相手のことを考えるようになります。上司が自分に関心を持ってくれているという実感は、メンバーの「もっと成長したい、期待に応えたい」というエンゲージメントにつながります。

ここでは対話を通じて、部下に対する評価どころか人間関係までがらりと変わった例を二つ紹介しましょう。

一つはある企業の本部長の男性にコーチングしたときの事例です。彼のチームには、最近他部署から移ってきた若手男性社員がいたのですが、今の仕事に意欲が感じられず、チームのお荷物になっているとしか思えない。それを何とかしたいというのが彼の意向でした。

その人は本部長まで上り詰めているだけあって頭の回転が速く、いわゆるキレ者という印象でした。それだけに部下の話を途中で引き取り、自分でまとめてしまう傾向がありました。そこで「質問はしてもいいけれど、途中で話を遮らず、30分は聞き切る」という課題を与えました。

次の1on1で、「今日はどんな話でもいいから」と促されて若手社員が話し始めたのは、ある高級ブランドの時計を愛用しているということでした。いつもの彼だったら、「仕事とブランドの時計がどう関係あるんだ?」と若手社員の話を切り捨てるところですが、そのときばかりはコーチングで言われた通り、我慢して最後まで聞いていたそうです。

若手社員は「時計を買うときは自分にとっては高価で少し不釣り合いかもしれないと思う高級ブランドのものを買うことにしている」と言いました。なぜなら今の自分の身の丈よりいい時計を買うことで背筋が伸びて、自分もその時計に見合う人物になれるよう頑張れる。そして「私は人生においても同じ考えでやってきて、ここまでうまくやってこられたんです」と続けました。

「え、どういうこと？」

彼からすれば、若手社員がうまくやっているとも、成功しているとも思えませんでした。しかし若手社員にとって、今いる部署は、高級ブランドの時計と同じくらい輝いていて、入社したときからずっと憧れていた部署だったのです。そして今やっている仕事も本当に楽しいと言いました。

しかし本部長はまだ信じ切れず、「だったらもっとこうしたいとか、意見があるんじゃないの？」と言いました。すると「いくらでもありますが、聞いてくれるんですか？」という答えでした。「もちろん。聞きたいな」と言うと、本当に次から次へとアイデアや意見が出てきたそうです。

この若手社員がやる気がなく、エンゲージメントが低かったように見えたのは、能力がなかったわけではなく、若手社員の話を聞こうとしない上司がストップをかけていたのです。上司が若手社員に無関心だった、ということです。この若手社員が本当に何を考えているのか、上司は知る必要があったのです。

この対話をきっかけに、本部長の中で若手社員に対する評価が変わりました。若手社員も積極的に発言するようになり、今ではチームのリーダー格になっているそうです。

対話で世界観が広がる

もう一つが、シニアの部下への接し方に悩んでいたマネジャーの例です。

このマネジャーも最初に紹介した本部長同様、非常に優秀で、効率よく仕事をまとめるのが上手な人でした。しかしチームに自分より年上の部下がいて、あまりやる気があるようにも思えない。世代が違うから共通の話題もないし、どう接していいかわからないと言うのです。

彼にも同じく、決して話を遮らず、最後まで聞くという課題を与えました。そこでマネジャーが、やはり「何でもいいから話してください」と切り出したところ、その部下が話し始めたのは、なんと小学3年生の息子のことでした。先ほどのブランドの時計以上に、仕事から遠い話題ですが、その内容はこのようなものでした。

息子が通う小学校では児童一人ひとりに「教科書ドリル」が渡され、その日の課題を終えたぶんだけ、先生にハンコをもらうようになっていました。ところがある日、息子が自分のドリルを失くしてしまい、大騒ぎになりました。部下は続けます。

「そんなの先生に謝って新しいのを買ってあげるからいいじゃないか、と言っても息子は泣き止みません。新しいドリルを買ってあげると言っても、皆と同じくらい汚れていないと嫌だ、と言ってきかないのです。これまで頑張ってきたことがわかるドリルでないとダメなんだ、と。その姿を見るうちに、この子の世界観の中では、そのドリルは命の次くらいに大切なものなんだ。新しいドリルを買ってあげればいいというのは大人の発想であって、この子の世界観を尊重してあげなくちゃいけないと感じたのです」

その話を聞きながら、なんと、そのマネジャーは泣いてしまったそうです。今までいろんな人とのやり取りの中で、自分は相手の世界観に敬意を払ってきただろうか、何かを切り捨ててきたのではないかと身につまされたのです。

いきなり泣き始めた上司に部下も驚いていたそうですが、そこから二人の間に信頼関係が生まれました。年上の部下に戸惑っていたマネジャー同様、実は部下のほうにも「まだ若造のくせに」という思いがありました。しかしこの1 on 1をきっかけにお互いに相手を尊重する気持ちが生まれ、「上司は自分だけど、もっといろんなことを教えてほしい」「このマネジャーのために働ける限り働きたい」と思うようになったのです。

実はチームにとって、この二人の関係性がネックになっていたのですが、二人の間に壁がなくなったことでチームのエンゲージメントも高まりました。今は非常によいチームワークで仕事に取り組んでいるということです。無関心の根深さと、それが解消できたときの効果の大きさを物語るエピソードと言えるのではないでしょうか。「対話」による無関心からの解放はエンゲージメントを高めることに大きな効果があるのです。

8 どうして社員は辞めるのか？

ダメな上司がダメな理由

このように見てくると、部下のエンゲージメントにはマネジャーの存在が大きく関わっていることがわかります。部下を生かすも殺すも上司次第というわけです。

これまで仕事を通じて多くのマネジャーと接してきましたが、部下のエンゲージメントを低下させるマネジャーの最大の共通点は、部下に本気で興味を持っていないことです。

具体的な行動としては「自分のやり方を押し付ける」「部下の可能性を自分の尺度でしか見ない」などです。

これは優秀な成果を上げ、マネジャーになったような人によく見られる傾向です。同じ営業でも、人間関係で成果をあげるのが得意な人もいれば、コミュニケーションは苦手でもデータをもとに戦略を練ってかかるのが得意な人もいます。

ところが、強みは人それぞれ違うことを理解していないマネジャーは、つい自分のやり方を押し付けてしまいます。そして部下が自分と同じことができないと、落胆して「おまえは本当にダメだな」「何でこんなこともできないんだ」と叱責してしまう。そうなると部下は上司に苦手意識を抱くようになり、ますます消極的になる……そんな負のスパイラルに陥ってしまうのです。

社員のエンゲージメントを高めることが、企業の業績向上にとって重要だと考える企業は、今、社員の評価方法さえ変え始めています。

ソフトウェア会社のアドビも評価制度に基づいた1on1ミーティングを重視している企業です。2012年、アドビはグローバルの全社で「チェックイン」という評価制度を導入しました。

「チェックイン」は、上司と部下が年間を通した継続的な対話をベースとした年次評価の制度です。この対話が年次評価にもつながります。

「チェックイン」は少なくとも3カ月に一度、上司と部下の間で行われます。上司が部下に求めている期待値を双方が同じ水準で理解することを目的として、上司と部下が対話を行います。期待値がきちんと理解されていないと、どれだけ頑張って部下が走っても、上司の期待とは違う方向に向かってしまうリスクがあります。そのためお互いの理解を少なくとも3カ月に一度は確認しあって、ここまで来たね、と確認をするのです。そのうえで、部下が上司の期待に応えるためには、どんな成長が必要なのか、という対話も行います。

「チェックイン」の基本的なルールとして、上司と部下のどちらからでも、お互いのタイミングに合わせて行い、話の内容は他の人に漏らさないことになっています。定期的に上司と部下が期待値や進捗状況などの情報をすり合わせることで、お互いに納得感の高い評価を得られるというわけです。

効果的な目標設定と管理、正確な進捗度把握のためには、短いサイクルでの1 on 1ミーティングを行い、現状認識や情報を相互共有することが欠かせません。

日本ではまだ珍しいかもしれませんが、アメリカ発の絶対的な評価制度と密接に紐づいた1on1ミーティングは世界中で広まりつつあります。

マネジャーの役割だけでなく、会社そのものも変わりつつあります。遊び心を活かしたユニークなオフィスデザインの例は紹介しましたが、最近では就業規定を変える企業も少なくありません。

100人規模のクリエイティブ系のある制作会社が、離職率が高く、採用募集してもなかなか人が集まらないことに頭を悩ませていました。ところが「スーツ着用」の規定をやめ、服装を自由にしたところ、いっきに離職率が下がり応募も増えたというのです。

クリエイティブな職種の人は縛られることを嫌う傾向があり、ファッションを重要な自己表現と考えている人も多いものです。しかしその企業の経営者は服装と仕事は関係ないと考えて、社外の人から好印象を得られやすいスーツの着用を義務づけていたのです。この経営者の「自由に服を着ることと仕事の評価がどう結びつくんだ」という考えに、社員のエンゲージメントを下げる要因があったのでしょう。社員をエンゲージメントさせるのも、ディスエンゲージメントさせるのも経営者の気づき一つ、ということがわかる実例と言えるでしょう。

離職率を2割以上下げた企業

第3章で少し触れましたが、最近注目されているワードの一つに「リテンションマネジメント」があります。社員ができるだけ長く組織にとどまって（リテンション）能力を発揮してくれるためのマネジメントという意味です。エンゲージメントがうまく働いている状態、と言えるでしょう。

このリテンションマネジメントを研究している、青山学院大学の山本寛教授とお話しした際に、実はリテンションマネジメントでは「副業を認める」ことも大切な要素になっている、とおっしゃっていました。山本先生の分析では、みんながみんな副業をしたいわけではなく、「〝副業を認めている〟それ自体が会社の魅力となって、社員をつなぎとめている」ということです。副業制度の存在が、エンゲージメントの高い企業であるイメージを植え付けているのです。

副業を認める会社は、ヤフー、メルカリなど、今では枚挙にいとまがありません。その中でも異色なのがサイボウズです。

サイボウズは、副業はもちろん、育児や介護のための時短勤務、リモートワークなど多様な働き方ができる人事制度をいち早く採用した企業として知られています。それを後押ししたのが、青野慶久社長自らが育児休暇を取ったり、子供の幼稚園の送り迎えのために時短勤務した経験です。２００８年の離職率28％から時間をかけて、どんな事情を抱えた人も働けるよう制度を整えてきました。その結果、離職率は実に5％以下にまで低下したそうです。

大きな声で「わが社には育児休暇や副業ＯＫなどの制度がありますよ」とアピールする会社はたくさんあります。ただ、社長が育児休暇を取ったり、時短勤務している企業は珍しいでしょう。実際に「自由な働き方ができる会社」というインパクトは大きく、社会からも好意的に受け取られています。社長自らが高いエンゲージメントを実現している企業に、皆が注目するのは当然と言えるかもしれません。

9 中小企業でもエンゲージメントできるのか？

企業は人生設計の場

エンゲージメントの向上というと、大企業の人事部主導の活動という印象を受けるかもしれませんが、実はエンゲージメントの波は中小企業にも及んでいます。

私たちは、残念ながら将来の成長が見込めない中小企業も見てきました。それらの企業は、優秀でカリスマ性のある経営者が会社を引っ張っていることが多いのですが、社員はそこでは駒でしかなく、忠実ではあるものの高いエンゲージメントは見られません。

一方、中小企業とはいえ、大企業以上のバイタリティを感じさせる組織もあります。そんな組織を観察してみると共通した傾向があります。それは、会社が働く場であると同時に「人生設計ができる場」になっているということです。

大企業では様々な研修プログラムがあり、人事部や人材教育部が業務以外にも社員を成長させる場を提供しています。多くの大企業社員がこれを当たり前のように思っていますが、これは大企業社員の特権と言えます。

一方、中小企業では、業務をこなして利益を出し、事業を持続させることにどうしても精いっぱいで、そこまでリソースを回せない現実があります。それが、中小企業が採用難に陥る大きな原因の一つとなっているのです。

「中小企業のほうが、早く経営者目線の仕事ができる」「自分の影響力を発揮したいのなら中小企業」と正論を言っていた就職活動中の学生が、家族や友人に「でも将来は大丈夫なの？」「使い倒されるだけじゃないの？」「一生家族を養える保証はあるの？」と言われ、返す言葉もなく無難な大企業に入社を決める。そんな光景をいくつも見てきました。

しかし、そんな中でも、地元の若者の心を捉えてポテンシャルの高い新入社員を多く迎え、その後もしっかりと育てて、ほぼ離職しないという中小企業もあります。

そのような中小企業の特徴とは、どのようなものでしょうか？

共通している特徴は、社員に仕事を提供するだけでなく、個人のプライベートの時間、そして思考力を高めることを大切にしているのです。給料では大企業に及ばないかもしれません。しかし、小さい家族的な組織の中でお互いの個性を尊重し、会社の成功と自分の幸せという人生の本質をしっかり議論し、お互いを高め合って人として成長できる職場であれば、それは、社員にとってかけがえのないものになるのです。社員は職場で常に自分を高め「人生設計」をすることができているからです。

こうした中小企業では、具体的には、社員の強みワークショップ、勉強会、相互コーチングなど、社員を成長させる仕組みを業務以外で用意しています。

さらに、それらの企業では、次世代のリーダーを育成し、そのまた次の世代の可能性にも投資しているので、将来にも期待が持てます。すると社員はますます会社の将来にワクワクします。こうした中小企業はまさにエンゲージメントのあるべき姿を体現しています。

また中小企業には企業規模が小さいからこそエンゲージメントを取り入れやすい環境があり、実際に取り入れてうまくいっているケースも数多くあります。

経営トップの決断が組織全体に大きく影響する中小企業では、経営トップがエンゲージメント施策を素早く推し進めることができます。しかも、ある程度エンゲージメントが定着すると、早いタイミングで組織として自走し始めるケースが非常に多い印象です。

また、規模が小さいぶん、制度や仕組みを整えることが比較的容易です。特にカルチャーや企業風土を業務として扱う専門職である、カルチャー推進部長やＣＣＯ（チーフカルチャーオフィサー）などの役職を置いている中小企業ではエンゲージメントが定着するのも早いようです。

またエンゲージメントが高い中小企業はエンゲージメント・サーベイの実施率も高く、サーベイ結果を全体に公表して課題と解決策を見える化し、社員にもわかりやすい形で取り組んでいます。したがってエンゲージメント・サーベイに対しても非常に真剣に向き合います。エンゲージメント・サーベイをまだ実施してない中小企業も多いですが、中小企業のエンゲージメントに対する潜在力が高いのは見ていて疑いがありません。

大企業にも中小企業にもエンゲージメント向上は大切なアクションです。大企業は「大企業病」に陥り官僚的にならないためにもエンゲージメント向上に注力する必要があります。そして、企業規模を問わず、皆がトップにしがみつく奉公集団にならないために、社員が「人生設計のできる」組織づくりがどの程度整っているのかを測るためにも、エンゲージメントの度合いを測り、高めていくことはとても大切なことだと思います。

10 見つめあわない。同じ方向を見る

サン＝テグジュペリの名言に見るエンゲージメント

ここまで社員のエンゲージメントを高めるための企業の様々な取り組みを紹介してきました。エンゲージメントを上げるためには、「対話」を重視したコミュニケーションのほかにも、社員の「感情」に目を配ってオフィス環境を整えたり、就業規定を見直したりと、やり方はいろいろあります。なかでも最も大切なのは「今いるメンバーがどうなりたいと願っているか」でしょう。

会社がよかれと思ってしたことも、メンバーが望んでいないことであれば、「また会社が余計なことをやっているよ」というストレスでしかないからです。社員が本当に望んでいる社内の変革を行い、エンゲージメントを上げて業績を伸ばすためには、エンゲージメント・サーベイをきっかけに対話を生み出し、メンバーが望む目的を定めて、そこに向かってアクションを起こすことが、最も効果的だと私たちは考えています。

対話は自分自身、上司と部下、同僚同士と様々な人の間に生まれますが、サーベイを実施する主体が主に人事部であることを考えれば、エンゲージメント・サーベイは、人事部と他部署の対話という組織同士の対話にもつながっていきます。こうして組織全体に「意義深い対話」が広がることで、メンバーのエンゲージメントが高まり、ひいては組織全体のエンゲージメントも高まります。そこから生まれるイノベーティブな発想や良好なチームワークが会社の成長につながるのです。

このように言うと、エンゲージメントを高めるにはメンバー全員が仲良くならなければいけないのかと思うかもしれませんが、そうではありません。

どんなに対話を重ねても、馬が合わない人はいるものです。しかし、大切なのは「馬が合わないからといって、相手を無視してはいけない」ということです。気に食わない存在の人が職場にいることで、居心地が悪くなることは多いでしょう。しかし同じチームのメンバーである以上、相手に関心を持たないのはエンゲージメントを妨げる最も大きな要因と言えます。

『星の王子さま』の著者として有名なサン＝テグジュペリは飛行機の操縦士でもありました。乗っていた飛行機が不時着してサハラ砂漠を3日間さまよった経験を綴った『人間の土地』という本に、こんな言葉があります。

「愛とはお互いを見つめあうことではなく、ともに同じ方向を見つめることである」

馬が合わない相手とも見つめあわなくてはいけないと思うと、イライラしたり、いがみ合ったりしてしまいます。しかし、プロジェクトの成功や営業数字の達成という一つの目標を目指しながら、横並びで進むことはできるでしょう。

そして目標に到達するために、自分と相手の能力をどう補完し合えばいいのか。どんなことをすれば相手が成長し、自分も成長できるかを考えながら進んでいくことは、実はとてもワクワクする体験ではないでしょうか。

職場の上司と部下、同僚同士が、学生時代の友人のように、いつも親密に時間を過ごす友情を築くべき、とは思いません。適度な距離を保ちながら、同じ目標に向かって進む仲間であれば十分です。エンゲージメント・サーベイを通じて、あなたとチームのエンゲージメントが高まり、充実した毎日を過ごせるようになることを心から願っています。

おわりに

小屋一雄

一般社団法人 日本エンゲージメント協会 代表理事
ユーダイモニア マネジメント株式会社 代表取締役

イキイキと働く人は何が違うのか？

同じ仕事をしていても、イキイキと楽しそうに働く人がいる一方で、なぜ「仕事はつまらない」といって我慢しながら働く人がいるのか。

このことは私にとって長年の関心事でした。

私は日本の自動車メーカーを皮切りに、アメリカのメーカー、フランスのメーカー、そしてアメリカのコンサルティング会社と、独立するまでの約20年間で様々な会社を渡り歩いてきました。具体名はあげませんが、破綻寸前だった会社もあれば、成長を続けた会社もあります。

複数の会社を中から見て感じたのは、組織の奥深さです。破綻しかけたから悪い組織だと単純に切り捨てることはできないし、逆に好調の会社にも残念なところが多々ありました。

いったい何が組織の行く末を左右するのか。いろいろと頭を悩ませていた頃に出合ったのが、エンゲージメントという概念です。エンゲージメントを知ってイキイキと働く人とそうでない人の違いが見えてきたし、それが組織に大きな影響を与えることもわかりました。組織の課題を突き詰めれば、すべてエンゲージメントに行きつく。その気づきから私は、もっとエンゲージメントを探究したいと思い、２０１８年には日本エンゲージメント協会を設立するまでに至りました。

仕事だけではないエンゲージメント

エンゲージメントに長年関わってきて、いま強く感じているのは、人が幸せになるのに必要なものは、エンゲージできる仕事だけではないということです。たとえ仕事でエンゲージできているとしても、人生には仕事以外に大切なことが、いくつもあります。

本書は主にワーク・エンゲージメントについて解説してきたので、いきなり卓袱台をひっくり返されたように感じる人がいるかもしれません。もちろん繰り返し述べてきたように、仕事を通じて組織にエンゲージすることは重要です。私自身それを長年のテーマに研究してきましたし、今後もワーク・エンゲージメントへの重要性は揺るがないと考えています。ただ、仕事は人生の一部分に過ぎません。仕事を通して組織に貢献すること（ワーク・エンゲージメント）だけでなく、自分らしい生き方をしたり（セルフ・エンゲージメント）、社会の中の自分を意識して社会貢献していくこと（ソーシャル・エンゲージメント）もまた、人生を豊かにしてくれます。

どれか一つに偏ってしまうと、ある面では充実を感じる一方で、別の面では心に闇を抱えて消耗していきます。ワーク、セルフ、ソーシャル。この3つのバランスをうまく取ってライフ・エンゲージメントを高めること。最近は、それがエンゲージメントの究極のゴールではないかと考えています。

大林宣彦監督が教えてくれる〝働く意味〟

本編の後に映画作家の大林宣彦監督、カヌーの羽根田卓也選手と著者二人の対談を収録したのも、みなさんにライフ・エンゲージメントについて考えるきっかけにしてほしかったからでした。

大林監督は、一般の映像作家が敬遠するテレビコマーシャルの仕事を若い頃に全力で引き受け、そのスキルや実績を活かして映画会社に所属しない監督としては、前代未聞の商業映画への進出を果たしました。尾道三部作や新人アイドルを手がけた映画で名を馳せた後は、自分の人生を描いているかのような深い作品を作り続けています。

時期によって様相こそ異なりますが、一貫しているのは、「映画で平和な世界をつくる」という姿勢です。監督は自らを「敗戦少年」と呼び、戦争のない世の中にすることを自らの使命にしています。「映画で平和をつくる」という精神は黒澤明監督から受け継いだとおっしゃっていましたが、それを後世に伝えるべく、大病を患って大変な今もメガホンを握り続けているのです。

大林監督の生き方は、ビジネスパーソンにも強烈な示唆を与えてくれます。

ワーク・エンゲージメントを高めてパフォーマンスを上げることは大事です。成果を残せば収入が増えて、生活は安定して、またさらなるチャンスが巡ってきます。

ただ、人間は生産だけをする機械ではありません。

自分は、いったい何者なのか。

そして社会に何を与え、何を残すのか。そんなことに悩むのが人間です。

それ抜きに成功を収めたところで、本当に自分の人生を生きたことになるのか？

近年の監督の作品、そしてその真摯な生き様を見ていると、それらの問いを突きつけられた気になるのです。

フィリピンのボランティアで得たもの

キャリアの基礎を固める若い時期に、仕事が人生の多くの部分を占めることは致し方ないと思います。私自身も20～30代の頃は「仕事でいかに効率よく成果を出すか」ということばかり考えていました。エンゲージメントの概念を知ってもっと大切なものがあると気づきましたが、そこからさらに視野を広げて、人生にもエンゲージメントが必要だと理解できるようになるまでには少し時間がかかりました。また、実際にライフ・エンゲージメントを自身で感じられるようになったのは比較的最近で、コーチングなどを通して多くの人と触れ合うようになってからです。

特に印象的だったのは、フィリピンのボランティア研修です。200人近い従業員を率いる社長の「若手社員に視野が大きく広がる体験をしてもらいたい」という希望をかなえるため、フィリピンのスラム街であるスモーキーマウンテンで、子供向けの教育活動の手伝いをする研修を私が企画しました。それが、同活動で「CNNヒーロー」となった、エフレン・ペニャフロリダさんがリーダーシップをとるダイナミック・ティーン・カンパニー（DTC）とのジョイントプログラム「ヴィジョン・クエスト」です。

参加した日本の若手ビジネスパーソンたちは、DTCのボランティアを通して今まで知らなかった世界と出会い、確実に一皮むけました。それにも増してうれしかったのは、現地で交流した高校生たちの笑顔です。ある女の子は巨大台風の被害に遭い、お母さん以外の家族をみな亡くしました。そのお母さんもショックでメンタルに病気を抱えてしまったため、彼女は施設に引き取られた後に最終的にエフレンさんの学校に居場所を見つけました。

彼女が負った傷は相当に深かったはずです。しかし、若手ビジネスパーソンたちが日本についてプレゼンテーションしていくうちに笑顔になり、日本に興味を持ってくれるようになりました。短い間でしたが、心のつながりを感じることができました。

自分が企画したことが、フィリピンの女の子の人生にも何かしらいい影響を与えている——。そう実感した瞬間でした。

この企画によって同行した若い社員たちも、よりグローバルな視点を持ったようでした。グローバルというと、英語を駆使する、といった印象が先立つかもしれませんが、実は語学以上に、高い視点を持つことが重要です。グローバルな視点を持つと自分の関心範囲が広がり、自然と政治・経済への関心も高まります。その「関心」こそが、よりよい社会をつくる基盤となるのです。「無関心」というグローバル人材の対極にあるあり方から離れることが、グローバル化の第一歩です。

このフィリピン研修の後、若い社員たちは、様々なことに関心を持つようになったと聞いています。次世代のリーダーとしての、彼らのこれからがとても楽しみです。

そのような経験を経て、私自身も自分の人生が意味のあるものだと、これまで以上に感じられるようになりました。今後も仕事やプライベートといった枠にこだわらず、自分自身、そしてクライアントのライフ・エンゲージメントが高まるような活動を続けていくつもりです。

エンゲージメントは宝探し

このように言うとすべて悟りきったように思われるかもしれませんが、私はエンゲージメントという概念を完全に理解しているわけではありません。本書には共著者の土屋裕介さんと議論しながら現時点での考えを書きましたが、掘り下げていく中で新たな発見をする場面が何度もありました。

私にとって、エンゲージメントは一生考え続けるもの。その奥深さに、宝探しに出かけるときのようなワクワクワクする気持ちを抱いています。

本書を通してみなさんにも同じ気持ちを抱いてもらうことができれば、エンゲージメントに携わるものとして、これにまさる喜びはありません。

Nobuhiko Obayashi | 対談 | Kazuo Koya

400年後の世界のために私たちは何ができるか？

～ビジネス・ゲルニカが世界を変える～

大林宣彦
映画作家

×

小屋一雄
日本エンゲージメント協会 代表理事

撮影＝諸星太輔

日本を代表する映画作家の大林宣彦さん。数多くの名作を作る一方で、働くことについても大切なメッセージを発信されています。現在、がん治療を行いながら精力的に活動する大林さんに仕事や働く意味についてうかがいました。

仕事のテーマをどう決めるか？

小屋 本日は本当にありがとうございます。

大林 こちらこそ。最近、私はよく寝ます。がん療法の副作用ですね（笑）。

小屋 ずっと監督の大ファンだったので今日は感激しています。

私はコンサルタントとして、ビジネスの世界で様々な企画を進めています。私がいま取り組んでいるのがエンゲージメントです。エンゲージメントは、企業の中で、指示待ちではなくて当事者意識を持って、自ら仕事に取り組むことが大切、という考え方です。企業の中の人事を担当する人たちの間で、非常に大切なキーワードになっています。

そのようなことを考えながら、いろいろ仕事をしている中で、大林監督の「最後のした。

大林 嬉しいです。

小屋 「講義」というNHKの番組を拝見したところ、引き込まれてしまい本当に感動しました。あまりに深いメッセージで途中何度も涙が出てきました。監督は番組の中で、映画を目指す若者に向けて、映画はフィロソフィーである、とおっしゃっていました。「映画の中でフィロソフィーを語るのではなく、どういう映画を作るか、どういう映画を作らないか、そういう映画人としてのあり方そのものがフィロソフィーだ。小津安二郎監督はフィロソフィーを映画の中では語らなかったけれども、彼の映画監督としてのあり方には明確なフィロソフィーがあったし、黒澤明監督もそうだった。仕事の中でフィロソフィーを語らなくても、その仕事をしている自分自身がフィロソフィーであり、それを表現している」

そんなお話をされていましたが、本当の仕事と言うものはそういうものなのではないだろうか、と感銘を受けました。そして、この話は映画人だけに聞かせるのは勿体ないと思いました。ビジネスの世界ではビジネスパーソンも表現者です。自分がどういう仕事をするのか、どういう仕事をしないのか、どのように仕事するのか。

すべてが自分の表現であり、フィロソフィーだと思います。映画人以上に数が多く、影響力もあるビジネスパーソンの考え方、働き方、社会でのあり方が変わったら、大きく社会は変わるんじゃないか、と考え、今回の対談をお願いした次第です。最初にうかがわせてください。大林監督はこれまで多くの映画を手がけられてきましたが、通底しているテーマがあるのでしょうか。

大林　私にとって大切なテーマの一つは戦争です。日本が負けた戦争のことを私はよく覚えています。戦争中、私は子供でしたが、近所の人や親戚が亡くなった話を一日に何回も耳にしました。戦争で一番強く思ったことは、この人たちのことを決して忘

大林宣彦
1938年生まれ。広島県出身。成城大学在学中より自主製作映画を発表するかたわら、2000本を超えるテレビCMを手がける。77年の『HOUSE／ハウス』で劇場映画に進出。代表作に『転校生』『時をかける少女』『さびしんぼう』『この空の花－長岡花火物語』『野のなななのか』など。2004年に紫綬褒章、09年に旭日小綬章を受章。19年に文化功労者として顕彰される。

れない、ということです。僕が忘れたら、この人たちはいないことになってしまう。

小屋 戦争を体験した方にとって、戦争はその後の人生にも非常に大きな影響を与えるものだし、映画監督にとっても大きなテーマになるのですね。

大林 黒澤明監督から言われたことがあります。

「戦争は欲得から始まる。戦争は明日にでも、一時間後にも始められるけれども、平和は実現するのに400年はかかる。僕は残念ながらもう80歳だから、もうじき死ななきゃいかん。大林さん、あんた今いくつ?」

その頃、僕は50歳でしたから「50ですよ」と答えたら、「50か。若いな、大林さん。あんたは俺より未来を生きてる人だから、俺が一生かけてやってきたことを、10年で超えていくだろう。じゃあ残りの20年は新しい未来のための映画ができるじゃないか。それをやってくださいよ。そうすると少なくとも400年後には〝戦争って本当にあったの? 人と人が殺し合ってたの? そんなバカなことを人間がしたの? 嘘だろう〟と言う子供たちばかりにきっとなるよ。映画にはそういう力と美しさが、平和をたぐり寄せる力があるのだから」と言われました。戦争ですべてを失った、黒澤さんの言葉ですね。

小屋　大林監督も黒澤監督も、映画を作る骨格、哲学に戦争があるのですね。私たちビジネスパーソンは、どういう心がけで、自らの仕事のテーマを探していけばいいでしょうか?

大林　それはやっぱり切迫感を持つことではないでしょうか。

小屋　切迫感を持つことによって、何が本当に大切かというのも見えてきて、やるべきことが見えてくる、ということですね。それがないと、結局何を目指せばいいのかわからない。言われたことをやっていればいいという態度になってしまい、仕事も楽しめない。

大林　手塚眞君という監督がいます。彼は二十歳の頃に犬童一心君や塚本晋也君と一緒に8ミリを撮り始めた。皆、才能を持っていて、面白い作品を作りました。ある日、手塚眞君が、「テーマがなくて、ただ8ミリを持って面白がっている表現は犯罪でしょう。大林さんは過去の戦争を知ってらっしゃるから、8ミリを持てば当然それが後ろに滲み出してきます。けれども、僕にはそれがない。だから僕が8ミリを撮るのはいけないことでしょう」と言って、いい才能を持っているのに撮らない時期が続いたんです。

それがね、この頃になって「大林さん、僕にもテーマができました。戦争です。過去の戦争は体験していませんが、未来に起こる戦争は僕たちの戦争です。これを止めることが僕たちの自由な平和を求める表現でしょう」と。そう言われたときにね、本当に嬉しかった。あ、つながったなと。

この話は黒澤明監督との話にも通じます。黒澤さんが、「大林君、君ならわかってくれるだろうけど、僕は東宝の職人監督として、東宝に忖度していた。しかし僕は、芸術には自由が一番大事だと思っていたから、やりたいものを撮った。否応なく予算もスケジュールもかかる。会社にも迷惑をかけた。で、体よくクビになったんだよ。黒澤プロを作って、自分の制作費は自分で儲けろと言われちまって、俺、アマチュアになったんだよね。大林さん、アマチュアっていいな。正直に嘘をつかず、一生懸命自分のやりたいことだけを描けばいいんだから」。ということで、黒澤監督の手によって日本の原発事故が初めて映画になったのです。

小屋 黒澤監督ほどの映画監督でも昔は映画会社のサラリーマンですよね。そうした中で、黒澤監督は会社の中で自分を持ち続けました。会社と自分の関係を、どう捉えるべきか。ビジネスパーソンにも他人事ではありません。会社から指示される仕事と、自分のやりたいことと……。

大林 黒澤さんの時代は、映画界に入ると飯が食えたんですよ。だからやっぱり飯を食わせてくれる会社に対する恩義とか忖度とか、当然あったわけだけれど、自分の撮りたいものは東宝じゃ撮れない。アマチュアになったから撮れるようになったということを、黒澤監督はとても喜んでいらっしゃった。

小屋 大林監督は、ご自身を「永遠のアマチュア」とか「ベテランの子供」と表現されています。お仕事をするうえで、世間の評判に浮かれず純粋な気持ちでいらしたのは素晴らしいことだと思います。これだけのキャリアを積みながらも、自分は子供である、アマチュアである、という気持ちは、どのようにして保たれているのでしょうか？

大林 「ゲルニカ」という絵がありますね。ピカソはもともと写実派の絵描きだから写実でも描ける。けれども、どうしても大人の目で描くから、リアリズムになりすぎる。そこで、あの「ゲルニカ」は、あえて、もし子供に絵を描く力があったら、こんなものを描くだろうということで描かれた絵なんです。だから、あれから半世紀経った今でも、子供たちがゲルニカの絵の前で瞳を凝らして見ています。〝何でこの人、こんな怖い顔してるの。え、戦争ってものがあったの。そんなものがあると人はこんな顔になるのか〟というふうにね。ピカソの読みは当たったわけです。善良な人たちは、皆、アマチュアなんです。クロさんが晩年に作った黒澤プロ作品は、全部最高のアマチュア作品ですよ。

小屋　子供の目で見るとか、アマチュアであるとか、自分を信じるとか、ビジネスパーソンにも、初心を忘れない、拠り所を持つ、というような形で通ずるものが大いにありそうです。仕事をするときには、自分が自分であるために、楽しむことも必要と思います。監督はとても楽しんで仕事をされているように見えますね。

大林　人は誰しも楽しむために生きているわけですから、本来、生きているだけで楽しいはずです。仕事もそうです。楽しく働くことにマイナスはない。でも、切羽詰まった空気を感じたら、もう選択肢はない。未来のために生きようよ。あなたならどうする、というのが今の私のテーマです。

小屋　経済界や企業の中にも、未来に向けた持続的な発展のために、やらないとならないことをやっていきましょう、という動きが出てきています。資源を枯渇させないとか、多様性をしっかりと育んでいくとか、ビジネスは金儲けだけじゃないという動きが出てきています。

大林　ビジネスの世界でも皆さんが切迫感を持っているのですね。

小屋　企業の中でこういうことを話しても、きれいごとと言われるかもしれません。でも、恥ずかしがらずに思っていることをはっきり言わなければならないと思います。大林監督の『この空の花―長岡花火物語』は私の大好きな映画です。この映画について、監督はご著書の中で「各論と総論」の話をされていました。各論では経済的効果があっても、目指すべき「世界の平和」を考えると正しくない、ということがある。各論では正しい。しかしそれが総論で正しいのか、皆が本当に幸福になるのか、を考えなければいけない、と。

私たちビジネスパーソンは日常的には各論で生きています。目の前の交渉にどうやって勝つか、どうすれば自分が経済的に有利に立てるか、を考えるのがプロのビジネスパーソンです。ただ、総論で考えると正しくないこともある。

今日は「切迫感」という言葉が何回か出ていますが、この言葉はいま私たちが真摯に受け止めなければならない言葉ですね。日々の仕事の中では、仕事の締め切りに焦るようなことはあっても、本当の切迫感を持つことは少ない。ここでの切迫感はいわば総論。各論としての目の前の仕事をこなすことで、本当の切迫感からは目を逸らすこともできてしまいます。

切迫感を持つには、高い視座を持つことが必要ですが、私の経験では、実はこれはビジネスパーソンが一番苦手とするところです。低い視座で目の前の仕事を忙しくこなしていると、何かやっている、税金も払って社会にも貢献しているように見える。だけど、実は世界の中にある切迫感に気づいていない……。難しいかもしれませんが、私たちビジネスパーソンは視座を高く持って、本当に大切なことについて考える習慣が必要なのでしょうね。

利益の先に何があるか

小屋　仕事だけではなくプライベートも充実させるべき、というのがエンゲージメントの提唱するところです。監督とご家族、例えば奥様とのご関係は、仕事にどのような影響を与えていますか？

大林　僕のパートナーである恭子さんは、自分は一生売れない小説家の女房になると思っていた、と言っています。結局、映画作家である僕の映画をずっとプロデュースしてくれて、公私ともにパートナーになってくれました。同棲という言葉が一般的になる前でしたから、近所の人は、僕たちのことを兄妹だと思っていたようです。

小屋　恭子さんにとって、大林監督は、いまだに元小説家志望のお兄ちゃんであり、映画好きの子供ということですね（笑）。奥様の存在は、映画作りで大きいのですね。

大林　僕は現場の職人ですから職人なりにやりますが、映画を作るのはプロデューサーなんです。プロデューサーがフィロソフィーに大きな影響を与えます。何せ最初の観客ですから。

小屋　先ほど「ゲルニカ」の話が出ました。最近はビジネスパーソンも絵画や芸術など、

文化的教養を身につけることが大切と言われ始めています。日本のビジネスパーソンは、特にそういう分野に弱い。仕事はしっかりやるし、残業もするけれど、外国人に〝三島由紀夫をどう思うか？〟と聞かれても、それが誰だかよくわからなかったりする。

大林監督は「シネマ・ゲルニカ」という言葉を提言されていますね。映画を作っている映画人やアーティストが、〝戦争反対〟とデモをするよりも、ゲルニカのように作品を残すことで戦争の記憶を風化させない、ということですよね。人に忘れさせない、切迫感を持たせ続ける、そういう役割がアーティストにはあるのだと思います。

それでは、ビジネスパーソンには何ができるのか？　生産性と利益を追求している限り、何もできないのか？　私は、希望はあると思っています。

今の若い人たちは、私の世代なんかよりも、ずっと総論、つまり全体の意味にこだわります。仕事でも「それは意味があるのか」「本当にいいことなのか」と自分に問う。私たちオジさんが「仕事なんだから、つべこべ言わずにやれよ」と思うことを、若い人は「でも、それ意味ないいんじゃないですか」「真の目的は何ですか」などと言う。それを聞いて、オジさんは「生意気なこと言うな」などと思うわけです。しかし私は若い人たちのそうした感性は頼もしいと思っています。こうした感性を生かすことで、ビジネスパーソンは、アーティストとは違った形で、将来に切迫感を持ち続ける動きが作れるのではないでしょうか。

お金を儲けないとビジネスになりませんが、視野を広げて正直でいることで、社会によいインパクトを与える、よいビジネスを生み出すことができます。リーダーシップのあり方としても、大林監督がそうであるように、「いいからやれよ」ではなくて、部下に考えさせることで、考える癖をつけさせるのが、よいビジネスを生み出す第一歩だと思います。

お金儲け目当てではない、正直なビジネスが実は最終的に大きな利益につながる。そういう考え方を広めて実践するのが、ビジネスパーソンにとってのシネマ・ゲルニカ、すなわちビジネス・ゲルニカだと思っています。

大林 本当のビジネスはお金だけじゃない。利益の先にあるものが大切ということですね。それは平和な世の中ですよね。

小屋 そうですね。平和で持続的な繁栄です。お金を稼ぐことは一見繁栄しているようだけど、それだけが目的だと長続きしない。企業にもそういう流れは出てきています。イノベーションに強い企業は特に理念を大事にしています。今はまだ外資系の企業が多く日本企業は少数ですが、日本企業も理念とか、お金の背景にあるものが大事だということに気づき始めています。

違和感を恐れるな

小屋 監督の作品に携わった俳優さんは、監督とご一緒できて楽しかったと言う方が多い。映画を作るときにどんな工夫をされていますか。

大林　私の現場だと異常な緊張感が俳優たちを踊らせるようです。役者たちは自分が演じた役を後から映像で見てビックリする。「これは私じゃない、私が知ってる誰かだ」と言ったりする人もいます。

小屋　監督は「予定調和を目指さず不得意なこともやらせてみる」ということもおっしゃっています。そういうことを意識的にされているのですね。前から気になっていたのですが、大林監督の映画の『なごり雪』で、最後に三浦友和さんが台詞で「今、春が来て、君はきれいになった、去年よりずっと、きれいになった」と歌詞をそのまま言うシーンがあります。私は最初にあのシーンを見たときに「えっ？」と思いました。台詞としておかしい、と。ただ、すごく印象に残りました。後で監督の本を拝読して知ったのですが、あの場面では、三浦友和さんが「少し咀嚼して、もっと普通の言葉、自然な言葉で言わしてもらえないか」と言ったところ、大林監督が「いやここは歌詞のまま言ってくれ」と返したそうですね。これが、この作品のすべてだ、ということで。その違和感とか、ちょっと恥ずかしいな、と思うようなところのパワーというのが、すごくあるなと感じました。

大林　それは、集中力を高めるためなんです。羞恥心というのが一番いけない。それは自己満足でしかないから。だから友和君に「この台詞は現場で言いやすいように、劇映画の台詞にしていいですか」と言われたときも「ダメ。これは歌詞をそのまま言うんだ。恥ずかしいか」「とても言えません」「それを言うのが役者だろう」「はい」。そういう会話を交わしました。それによって彼に映画のフィロソフィーが伝わる。観客にも情感よりもフィロソフィーが伝わる名演技となったのは、俳優、三浦友和の偉いところです。

小屋 そのお話を聞けてすごく嬉しいです。ビジネスの現場では、本質的なことを語ると違和感を持たれることがあります。でも、それを恐れてはいけない。違和感が相手の集

中力を高め、結果的にフィロソフィーが伝わることにもなる。日本の職場では予定調和の会話が行われることが多いですが、違和感を恐れず発言して切迫感を共有することが大切だと思います。

大林監督は、映画の前にテレビのコマーシャルを作っている時代も、楽しかったですか。

大林　うん、自分のやりたいようにしかやってないから。やりながら自分で考えるのは楽しいですよ。

小屋　大林監督は、最初、誰もやりたがらなかったテレビのコマーシャルをどんどん請け負って、ご自分の実力を蓄えたうえで、映画作家としてデビューされました。テレビのコマーシャルは、クライアントがいて、ご自分で映画作家として作るのとは違う、制約があったと思いますが、その辺はどのように楽しまれていたのですか。

大林　クライアントなんかいなかったですよ。僕がクライアントなの。

小屋　なるほど。もうご自由に作ってくださいということで。

大林　ある映画会社の重役から言われたことがあります。わが社の監督は、仕事が棚から落ちてくるのを待ってるけれども、今時棚ぼたのチャンスなんて、そうそうあるはずがありません。大林さんを見ていると、東に旨い砂糖があると言えば買いに行き、西に旨い豆があると聞けば買いに行って、自分でぼた餅を作って、それを自分で作った棚の上に乗っけて、自分で棚の下に歩いて行って蹴飛ばして、棚から落ちてきたぼた餅を、さも美味しそうに食べている、と。

小屋 自分でぼた餅を作って棚に上げて、それを落として食べて、棚からぼた餅、と言っているわけですか（笑）。大林監督のそういう働き方は素晴らしいと思います。

大林 僕はコマーシャルの撮影で東宝のスタジオを使っていたんですよ。そのスタジオのスタッフたちが「大林さんみたいな人が東宝に来てくれれば、僕たちももっと自由に映画が作れる」と言ってくれて親しくなっていった。「こういう人の作る映画を見てみたい」とか「私が理解できて企画に制作許可を出すような凡庸な映画は作らないでください」と言われました。それで、戦争を知らない子供たちが、いかに戦争に食われていったかという話を描いたのがデビュー作の『HOUSE／ハウス』という映画です。その映画に観客として反応してくれたのが、当時まだ若かった手塚眞君や犬童一心君たちですね。彼らは大林チルドレンと名乗って「これが僕たちの待っていた映画だ」と言ってくれました。若い人たちが反応してくれたのです。

小屋　それまで日本映画なんかつまらないと言って洋画ばかり見ていた人たちが、一気に食らいついたのですね。業界としても大事件だったと思います。

大林さんは、監督とは、凧のような存在であるとおっしゃっています。周りのみんなが糸を持ってくれていて、糸を持ちたいと思わせなきゃいけない、とおっしゃっていますが、そういう状況に部下を持っていくためには、どういうことをなさっていましたか。

大林　僕なりの努力としては、スタッフの名前を全部覚えて撮影現場に入りました。そして撮影が終わったらだいたいの監督は帰っちゃうんですけど、僕は部屋に戻って、皆でビールを飲んだりしていました。そうして距離を縮めておくと、そこから後、撮影がうまくいくんです。

小屋　「おい君」とか、「何とか役の人」っていうふうに言われると、人として扱われている気はしないけれども、ちゃんと名前を覚えて「○○君」って言われたら、いい仕事しなきゃって思いますものね。

大林　人を人として扱わなくなったら不幸なだけです。

小屋　人を人とも思わないというのは、企業の中ではまだあるように感じます。

大林　上手な人の扱い方は、大林監督がもともと持っていらっしゃったのか、あるいは経験を重ねての結果なのか、どういう経緯で身につけたのでしょうか。

小屋　それは医者だった父親の影響ですね。私の実家は病院でした。すごく大きな病院でいらしたんですよね。

大林　代々続く病院です。父親が死んでから、実家で父親の書いた手紙を見つけました。それは〝私は地方の一介の医者だけれども東京に出て名を広めたい〟と東京での紹介先を求めていた手紙でした。しかし結局誰にも出さなかった。父は〝この地域には、自分より立派な仕事をしている名もなく貧しい人たちがたく

さんいる。派手な名声は得られなくとも田舎の医者としてそういう人たちの助けになろう〟と決意したようなのです。僕は父から、そういう明治の人の男気みたいなものを感じていたので、自分も周囲の人に対して、そういうたしなみを持つ大人になろうと思いました。

小屋 自分の名を上げるよりも、地元で自分を頼る患者さんたちのために尽くして働こう、ということですね。

大林 僕は、自分よりも偉い人は世の中にたくさんいると本当に思っています。先日、台風の中で漁船の船長さんと仲間が荒れる海に出て溺れてる人たちを助けた、というニュースがテレビで流れていました。それを聞いたとき、ああこの人たちは俺よりよっぽど偉いな、と思いました。果たして映画で人の命が助けられるか。400年先に戦争がなくなるという、そういう夢は持っていますが、海で溺れている人たちの命を救えるのは、海をよく知る漁師たちです。昨日、海で溺れる人を救った漁師の人たちは命作りの職人だな、と感服しました。

世の中には、そういう人たちがいっぱいいる。映画監督で名を上げたところで何が嬉しいんだ、エゴイズムに過ぎないじゃないか、と思って、あらためて自分を戒めました。こっちは、たかが映画ですが、あちらは人生そのものです。

小屋　監督のフィロソフィーにそういうところがあるからこそ、監督の映画は人の心に響くのだと思います。

大林　他人事ではなく自分事にしないとダメ、ということでしょうか。

小屋　今日は素晴らしい話をたくさんうかがうことができました。ありがとうございました。監督の新作も楽しみにしております。

楽しむから逆境を越えられる

～五輪メダリストが語る、やり切る力～

羽根田卓也

カヌー選手、リオ五輪銅メダリスト、東京五輪日本代表内定

×

土屋裕介

株式会社マイナビ教育研修事業部開発部部長、HR Trend Lab所長

カヌーのスラロームでリオ五輪銅メダルを獲得した羽根田卓也さん。東京五輪代表にも内定し、四大会連続の五輪出場です。卓越した結果を出すために厳しい鍛錬の日々を過ごす羽根田選手から、自分を成長させる考え方や逆境を乗り切る方法など、貴重な話をうかがいました。

目標が楽しさにつながる

土屋　東京オリンピック出場内定、おめでとうございます。

羽根田　ありがとうございます。

土屋　今日はエンゲージメントをテーマに羽根田選手とお話しさせていただきます。エンゲージメントはビジネスの用語ですが、私はスポーツ選手の競技への向き合い方はビジネスパーソンにも大いに参考になると思っています。自分の成長をどのような方法で成し遂げているのか、自分を客観的に捉えるにはどうすればいいか、などトップアスリートのお話は多くの示唆に富んでいます。いろいろとお話をお聞かせください。

羽根田さんは、エンゲージメントという言葉をお聞きになったことはありますか。

羽根田　最近よく聞く気がしますが、言葉で説明するのは難しいですね。

土屋　そうですよね。企業に所属するビジネスパーソンが、もっとこの会社のために頑張ろうと思っている状態を、エンゲージしている状態と言っていいと思います。エンゲージメントが高い企業をたくさん作り、ビジネスパーソンがより高いパフォーマンスを発揮できるよう、お手伝いをするのが私たちのミッションです。

羽根田　エンゲージメントはこれからのビジネスにとって重要な指標なんですね。

土屋　ビジネスパーソンのエンゲージメントが高い状態になるためには、自分自身の強

羽根田卓也
1987年生まれ。スポーツ一家で育ち、7～9歳までは器械体操、9歳から父と兄の影響でカヌー スラロームを始める。世界レベルの活躍を目標に、高校を卒業してすぐ強豪国のスロバキアへ単身渡る。リオ五輪にてこの競技でアジア人初となる銅メダルを獲得し、一躍カヌー競技を日本中に知らしめた。スロバキアの首都ブラチスラバの国立大学院を卒業し、2020年にはさらなるメダル獲得を目指す。175㎝、70㎏。

みを客観的に把握することが大切です。自分の強みを把握し、活かすことが充実した仕事につながるからです。羽根田選手は、ご自身の強みをどのように認識されていますか？

羽根田 カヌー競技にとってすごく大切な、水の流れを読む力は、自分の強みの一つだと思っています。

土屋 トップアスリートはやはり自分の強みをきちんと把握されているのですね。羽根田選手はどのような方法で、ご自身の強みを把握されたのでしょうか？

羽根田 カヌーに限らず、スポーツでは自分をいかに客観視できるか、が非常に大切です。自分をなるべくフラットな目線で観察し、贔屓目でも卑下でもなく、自分が今どの位置にいて、何ができて何ができていないのか、常に観察するようにしています。それから、自分を観察するのと同じぐらい、自分より強い選手をよく観察して、自分と何が違うのか、その選手が何をしているのか、を自分と比べるようにしています。

また、強みを伸ばすことと同じくらい大切なのが、弱み、苦手な面をおろそかにしないことです。苦手な面や自分ができないことをおろそかにして相手に勝つことは難しいです。

土屋　羽根田選手が、ご自身の強みや弱みがわかってきたのは何歳くらいですか？

羽根田　25歳ぐらいでしょうか。

土屋　羽根田選手はいま32歳ですよね。意外と最近ですね。

羽根田　実力がそこまでない若い頃は、強い選手と自分との距離があまり把握できていませんでした。20歳前後には、自分が世界のトップに近づいたような感覚を持っていたのですが、もっと実力がついてくると、世界のトップと自分が具体的にどれくらい離れているかが、手に取るようにわかるようになりました。あらためて世界のトップの本当の高さが見え始めるのと同時に、自分が今どのくらいの位置にいるか、などいろんなことが見えてきたのです。
僕は18歳まで日本で練習していました。日本のカヌーは弱くはないですが世界のトップではないし、練習環境もトップレベルではない。そこで18歳でスロバキアに渡り、そのときから本場ヨーロッパの強いカヌー競技を見てきました。以来、世界のトップ選手を観察することは、ずっと怠らずにやってきました。そこで学んだものは大きかったです。

土屋 環境がそこまで整ってない日本で、カヌー競技にずっと向き合っていられたのは、カヌーに強い思い入れがあったからでしょうか。

羽根田 僕にとってすごく大切なのは、自分が置かれている場、やっていることに対して、例えばそれがカヌーでもどんな競技でも、ベストを尽くして、やり通すことです。そういう生き方が僕は好きなので、まずやり切ってみることが大切だと思っています。

土屋 羽根田選手のような世界トップクラスのアスリートになると、競技は、楽しさ以上に苦しさが勝るのではないでしょうか。最初にカヌーを始めたときに感じていた楽しさは今も持ち続けているのでしょうか？

羽根田 その楽しさは、持ち続けられていますね。僕は目標や夢を設定して、そこに向かうためならどんな犠牲もいといません。スポーツに関しては、どんなにハードな練習であろうが、海外に何年身を置こうが、自分にとっては苦しくもつらくもなんともない。目標を達成するために必要なことだからです。「挫折しそうになったことはありましたか？」と聞かれることがありますが、正直、僕にはその経験はないです。

土屋　もうやめようと思ったことは？

羽根田　ないですね。目標を自分の中できちんと決めることが大切だと思っています。何がしたいか、何を達成したいか、自分は本当に何がやりたいか、を決めないと、「なんで俺はこんなことをやっているんだろう」とか「なんでこんなことをやらされなきゃいけないんだよ」となってしまう。そして、それが苦しいとかつらいとか不幸につながっていくと思うんです。

土屋　目標を持つことはエンゲージメントでも非常に重要です。

羽根田　どの世界でも、自分の目標や達成したいことがないと、すごくつらいのではないでしょうか。僕は「楽しさ」を持ち続けられたので、競技を続けられていますね。

土屋　日本のビジネス界でも、楽しく働くことを真剣に考える企業が増えています。もっと楽しく仕事しよう！という空気感はエンゲージメントにもつながります。「楽しさ」は働くうえで非常に重要になっています。

羽根田　仕事における「楽しさ」は、娯楽的なその場限りの楽しさではないですよね。目標に向かう。みんな、あるいは自分で何かを成し遂げる。打算なしの熱意で、このプロジェクトを成し遂げたいという思いがあれば、パソコンのキーボードを打つ手も進むし、つらさも楽しさに変わりますよね。

土屋 僕にとってのトレーニングがまさにそんな感じです。トレーニングは腕も張るし息もあがるし、肉体的にはつらい。失敗すれば悔しいし、その意味でもキツい。でも、そのプロセスは目標のためにやっているから不幸なことではないですね。

羽根田 羽根田さんはトレーニングをコーチと行うことが多いのですか？

土屋 カヌー競技は個人競技なので、基本的にはコーチとマンツーマンですね。

エンゲージメントでは対話が重要なファクターの一つです。少し前の日本では、上意下達で、ビジネスパーソンも上司から言われることをこなす企業文化が一般

的でした。それはエンゲージメントからは遠い状況です。ただ、最近では、上司と部下が対話しながら業務を進めようとする企業が増えています。

羽根田 その傾向はスポーツの現場でもすごく感じますね。日本のカヌー競技はヨーロッパの影響を受けていたので状況は違いましたが、少し前の日本のスポーツ競技の現場でよく見られた、監督やコーチが絶対的な存在の上意下達の雰囲気で、指導者と選手の間に相互のコミュニケーションが存在しない、という光景はヨーロッパでは考えられません。

ヨーロッパのスポーツの現場では、指導者と選手、いわば上司と部下は常にフラットで、一つの目標を達成するための協力者という感じです。

土屋 ヨーロッパのスポーツの現場では個人が確立しているのですね。

羽根田 そうですね。スポーツをするうえでは、目標を達成したりパフォーマンスを上げたりするためのベストな方法を、監督やコーチと選手が、お互いに見つけないとならない。選手の腑に落ちない一方的な指図や、ましてや暴力はヨーロッパでは受け入れられないですね。

土屋 日本のビジネスの現場でも似たような変化があります。信頼関係がない中での一

羽根田　方的な指導では動かない、というビジネスパーソンが本当に増えてきました。ヨーロッパでは選手がコーチを結構コロコロと変えるんです。自分に合わないとか、こんなコーチとやってられるか、ということがあると、選手がコーチを変えるというのは日常的にあります。

土屋　コーチと選手が上下の関係ではなく、教える側と教えられる側というフラットな役割になっているのですね。

羽根田　結果を出すという一つの目的を目指すスポーツの現場では上下という概念は合理的ではないかもしれませんね。

自分を冷静に捉えられるか

土屋　羽根田選手は、リオ五輪の後から「現状維持は後退」という意識で競技に取り組まれてきたとうかがっています。実践するのはかなり大変だと思うのですが、どのようなことを意識していましたか？

羽根田　リオ五輪の後、自分の長所と短所を見つめ直してみると、東京五輪に向かうまでに、ほかのトップ選手より劣っているところにすごく納得がいかなかったんです。だから、長所はひとまず置いておいて、いったん自分の苦手だったり、劣っているところを強化しようと思いました。そういう意味で現状維持は後退というか、自分を変えて前に進むためにあえて厳しい道を歩もう、と考えました。

土屋 ご自身で足りないと思ったところは具体的にはどういう点ですか？

羽根田 ベンチプレスが海外の選手より上がらないとか、持久走が海外の選手より速く走れないというような数値で測れるところもそうですし、水の流れをつかむことか、パドルを引くときにどれだけ力を発揮できているか、という感覚的なところもあります。そういうものを分析し、自分より上の海外の選手と自分を比べて、劣っている点を洗い出し、その差を埋めるトレーニングを行いました。パドルの長さを変えたりもしました。長さを変えることで体に負担がかかりますが、推進力は強くなりますし筋肉もつくんです。

土屋 銅メダルを取った後にいろいろなことを変えるのはかなり勇気が要りますね。

羽根田 リオ五輪の年、２０１６年はいいシーズンで、リオ五輪以外の大会でも上位に食い込めました。ベストのシーズンの後に、いろいろなことを変えることにリスクはありましたが、もっと成長したい、という気持ちが強かった。このまま現状維持する怖さが大きくて、チャレンジするほうに舵を切った、という感じもありました。次のオリンピックが東京だったことも大きかったかもしれません。

土屋　変わることへの勇気が持てないビジネスパーソンも多いと思います。挑戦する勇気を持つために必要なことは何ですか。

羽根田　結局、すべてが目標につながっています。銅メダルが取れたときに、自分の目標が達成されて現状維持でもいいと思うか、その次の目標がすでに見つかっていて次はもっと、という気持ちで新たなチャレンジに踏み切るか、ではないでしょうか。

土屋　羽根田さんは一瞬でもマイナスに気持ちが振れること、例えば「もうこのままでいいかな」と思うときはないですか。

羽根田　それは、ありますよ。チャレンジしてうまくいかなかった場面もたくさんあって、「変えなきゃよかったかな」とか「あのままにしておけばよかったな」と思うことはあります。「俺は正しい方向に向かっているのだろうか」という不安はありますね。特に成績が追いついていないときは、そう思ってしまいます。

土屋　それは、どう乗り越えてこられたのですか？

羽根田　難しいですね。まず目標を常に強い意識で持ち続けているという大前提があります。そのうえで、不安になったり自分の気持ちに浮き沈みがあったときにすごく気をつけていることは、自分の感情論ではなく、自分と周りを客観視して、自分がどういう状況にいるのか、そして、なぜこういう状況に陥っているのかを分析することです。俯瞰の目で見ることを大切にしています。うまくいっていないこととか、成績が出てないときには必ず原因がある。物事の要因とも言えるかもしれません。

例えば、以前より世界のレベルが上がっていて、自分の成績が相対的に下がっているとすると、それは自分のせいじゃない。単純に世界のレベルが上がっていて、その中に自分が埋もれ始めているということです。世界のレベルが上がっている時期と、試行錯誤していて、うまくいっていない自分が重なっているから成績が前より出ていない場合もあるわけです。そのような要因はたくさんあるはずだから、自分がうまくいっていないときには、そうした要因になるべく気がつくように心がけて、「なんでうまくいかないんだ」とか「俺はこんなにやっているのに」などと、自分の感情論や気持ちの中だけで結論を出してしまわずに、できるだけ自分を外から見て、同時に外に目を向ける、ということを大切にしています。

土屋　成功しているビジネスパーソンの共通項に「自己認知能力が高い」ということがあります。うまくいかないときに彼らも羽根田選手と同じプロセスを経ているように感じます。

この厳しさを求めていた！

土屋　感情にとらわれない、という話がここまで何度か出ています。自暴自棄にならなかったり、いったん冷静になって自分を見つめるといったことは、ご自身の性格として昔から容易にできたのでしょうか？

羽根田　スロバキアに身を置いてから学んだことが多いですね。日本では、若かったこともあって、競技だけに熱中しすぎてしまったというか、悪い意味で競技にとらわれすぎていました。ヨーロッパのほうがスポーツの現場でもよりフラットで、いい意味で距離を置いて臨んでいるところはありますね。

結果が出なかったら腹を切るとか、そういう悲壮な考え方じゃなくて、スポーツでは、もちろん結果が出ないこともあるよ、という感じです。自分のミスが少し重なって周りの選手がうまくいけば、もちろん自分の結果は出ないし、自分が世界一努力したとしても結果が出ないこともあるのがスポーツだよね、といった考え方ですかね。

スポーツでは、いろんな要素がからまって一つの結果になる。だからこそすべてのものに理由があって、自分一人が頑張ったからすべての世界の仕組みを無視して結果が出せるわけじゃないよ、という姿勢でしょうか。

土屋　スロバキアに行って、かなり成長されたのですね。

羽根田 行って本当によかったです。スロバキアは自分にとって生半可な環境ではなかった。言葉はわからないし、フランスやドイツのように便利でもない。最初はスロバキアの片田舎に行ったので、知り合いもいなかったし、つらいと思うこともありました。けれど、目標を達成するために行ったので、「嫌だな」とは思わなかったし、自分を成長させてくれた。そういう厳しい場所でも、目標をちゃんと持っていたので楽しめました。

土屋 過酷な状況下でも「楽しい」と思っていたのですか？

羽根田 そうですね。局面ごとでは、苦しいとかつらいとかありましたが、人生の中で見ると、すごく素晴らしい時間でした。スロバキアでは、「これ、これ、この厳しさを求めていたんだ！」という感じでした。生きがいを感じている自分が確かにいましたね。

土屋 究極のエンゲージメントですね。元プロ野球選手の上原浩治さんとお話しさせていただいた時にも、同じようなことをおっしゃっていました。上原さんは、アルバイトをしながら野球を続けて非常に苦労してジャイアンツに入ったのですが、そのときはつらかったけれど、後々考えてみたら、あの時期があったからよかった、と。

羽根田　羽根田さんがカヌーを仕事にしよう、と思ったのは高校生くらいですか？

土屋　いや、今も思っていないですね。カヌーは仕事にはしたくないです。カヌーが日本でどういう位置づけのスポーツかわかっているので、仕事というのはおこがましい、という感じです。

羽根田　五輪のメダリストは真のプロフェッショナルです。それでも仕事ではないですか。

羽根田　仕事に関しては若いときから悩んでいます。僕はこれまでカヌーしかやっていません。学校に行きながらアルバイトをしたり、実業団に入ったりではなく、家族や地元の後援会、所属先のスポンサーなど、本当にいろいろな人の助けがあって、そういう人たちに何かを還元し切れていない中で競技をやらせてもらっている。ですから、それを仕事というふうにはやはり今でも思えないんです。

でも、応援してくれる、やらせてくれる人がいるなら、あえてそこに甘んじて自分の人生のすべてを費やして、その人たちの思いに応えよう、と割り切った瞬間はありました。スロバキアに渡った二十歳くらいのときです。

アルバイトをしながら練習しているトップ選手はヨーロッパにはいません。だから、日本でアルバイトをしながら練習していても世界のトップと互角には渡り合えない。甘えかもしれませんが、アルバイトをしながら世界と戦うのは、あまりに安易だという思いがありました。自分の存在価値というか、自分に求められることについて、かなり自問自答した時期もありました。その結果、周りの人になんと思われようと、社会人として自立していない、ただの道楽者と言われようと、自分に求められていることや、期待してくれる人がいて、自分にそれを本当にやりたい情熱を捧げる覚悟があるなら、そういう生き方も潔いかな、と思うようになりました。そういう悔しさやもどかしさの気持ちもあって、より練習に打ち込むことができたし、スロバキアに身を置くこともできた。それがリオ五輪で一つの形になった、と自分では思っています。

土屋 自分を支えてくれる人たちの期待は、逆にプレッシャーになって悪い方向に出てしまうこともあります。羽根田選手にとって期待は力になりますか。

羽根田 僕はプレッシャーは必ず力になると思っています。プレッシャーがかかるからこそ生まれる集中力とか、爆発力みたいなものは絶対にある。だから期待がプレッシャーになることをマイナスに考えたことはないですね。プレッシャーもそうですけど、マイナスを全部自分の成長の糧にするという意識はすごく大切ですね。スロバキアでも、例えば大学やビザなど競技以外の問題で、競技の時間を削られたこともたくさんありました。正直言うと「大学なんか通わなくても、競技だけやっていればいいのではないか」と思ったこともあります。ただ、逆境を乗り越えたときに成長を感じたことが、スロバキアで何回もありました。この逆境は必要なんだ、と無理やり思うようにしたり、思えなくても成長にはなるので、全部自分の気持ち次第ですね。

昔から「モチベーションが続かない」という言葉はあまりピンとこないんです。「自分が目標に向かって意識を高くやっていられるのは、当たり前のことじゃないんだな」と思ったことはあります。

土屋　「もう俺は無理だ」と競技をやめていく人を何人も見ていますから。そこをクリアできている自分は幸せだと思います。ビジネスパーソンにもそうなってほしいですね。

羽根田　難しいのは、皆さんにとっての仕事は、僕らの競技とは少し違うということですね。僕は生活のすべての目標が競技になっているけれど、皆さんの場合は働くことは食べていく手段の一つであって、自分の目標は別にあることも多いですよね。家族を幸せにするとか、趣味のゴルフのためにお金を稼ぐとか、自分の目標がほかにあったときに、お金を稼ぐためだけの手段である仕事をモチベーションを高く楽しくやっていられるかっていったら、すごく難しいですよね。

土屋　確かに難しいかもしれません。ただ、私は、仕事だけではなくて、趣味が目標になっている人でも、その趣味にモチベートされているならいいと思っています。趣味のゴルフがうまくいけば、仕事もいい感じでできる、ということはあると思います。スコアが80を切ったら仕事にもいい影響が出る、というように。仕事ばかりに目を向けると、かえってエンゲージメントが高まらないこともあると思います。

羽根田さんがおっしゃっていた「自分はもう誰にどう思われようが、こういうふうに生きていくんだ」と決断して、それをやりとげた結果、みんなが認めてくれるという状態はハッピーで、正直に生きてきた結果ですよね。ビジネスパーソンも仕事だけではなく、自分の人生に嘘をついてほしくない。自分の中からにじみ出てくる、内的欲求に正直になってほしいと思います。

最後に、読者に向けてよりエンゲージメントを高くするにはどうしたらいいか、アドバイスを頂戴できますか。

羽根田　僕はスポーツをやらせてもらって、目標を持つことで人生が豊かで楽しくなっています。目標を達成したときの感覚、特にリオ五輪のときは、こんな瞬間を人生で味わえる人はなかなかいないだろうな、と思えるくらい、すごく素晴らしい瞬間でした。僕から言えることは、目標を達成することの素晴らしさを、普段の生活でも見つけて味わってもらえたら人生の醍醐味のようなものに触れられるんじゃないかな、ということですね。

土屋 羽根田選手は人生で目標がなかったことは、ほぼないですか？

羽根田 中学校でカヌーに打ち込むようになってからは、ずっと持ち続けていますね。

土屋 目標が持てない人はどうすればいいですか。

羽根田 それは非常に難しいですね。

土屋 目標を持っていない人は、先ほど話に出た「自己認知」ができてないというのが、まずあるかもしれませんね。それから、どうなりたいか、ということがない。なりたい姿があって、自己認知ができていれば、そのギャップが目標になります。このギャップを埋めようとすることで羽根田選手のような気持ちになれるのかもしれません。今日はいいお話をたくさんうかがうことができました。ありがとうございました。

東京五輪でも応援しています。

参考文献

- 2019 マイナビ新入社員意識調査 ～3カ月後の現状～
- World Happiness Report 2019(UN Sustainable Development Solutions)
- 『年をとるほど賢くなる「脳」の習慣』バーバラ・ストローチ著　日本実業出版社
- Kaiser Family Foundation/The Economist Survey on Loneliness and Social Isolation in the United States, the United Kingdom, and Japan(conducted April-June 2018)
- 「職場で遠慮なく笑えることは大きなメリットを生む」Harvard Business Review https://www.dhbr.net/articles/-/5663
- 『私たちはどこまで資本主義に従うのか』ヘンリー・ミンツバーグ著　ダイヤモンド社
- 働きがいのある会社(Great Place to Work® Institute Japan)
- 『夜と霧』ヴィクトール・E・フランクル著　みすず書房
- 2019年 デロイト ミレニアル年次調査
- 『ヤフーの1on1』本間浩輔著　ダイヤモンド社
- 『人間の土地』サン=テグジュペリ著　新潮文庫
- 『ワーク・エンゲイジメント』島津明人著　労働調査会
- 『ワーク・エンゲイジメント』アーノルド・B・バッカーほか著　星和書店
- 『マインドセット「やればできる!」の研究』キャロル・S・ドゥエックほか著　草思社
- 『さあ、才能(じぶん)に目覚めよう 新版』トム・ラス著　日本経済新聞出版社

Profile

土屋裕介｜つちや・ゆうすけ

株式会社マイナビ 教育研修事業部
開発部 部長／HR Trend Lab所長

大学卒業後、不動産会社の営業職を経て、国内大手コンサルタント会社入社。人材開発・組織開発の企画営業として、大手企業を中心に研修やアセスメントセンターなどを多数導入。2013年に(株)マイナビ入社。マイナビ研修サービスの商品開発責任者として、「ムビケーション研修シリーズ」「各種アセスメント」「ビジネスゲーム」「タレントマネジメントシステムcrexta(クレクタ)」など人材開発・組織開発をサポートする商材の開発に従事。18年に研究機関「HR Trend Lab」を設立し所長に就任。10年以上にわたり一貫してHR領域に携わる。日本エンゲージメント協会副代表理事。早稲田大学トランスナショナルHRM研究所招聘研究員。ライフシフト大学フェロー。

小屋一雄｜こや・かずお

一般社団法人 日本エンゲージメント協会
代表理事
ユーダイモニア マネジメント株式会社
代表取締役

三菱自動車工業株式会社を経て、サンダーバード国際経営大学院にてMBA取得。1995年にギャラップの日本法人立ち上げメンバーとして参画。ギャラップには計3回入社し、2009年までの間に、ギャラップのコンサルタントとして、また事業会社のマネジャーとして多くの組織のエンゲージメント向上に携わってきた。GM(ゼネラル・モーターズ)ではデトロイト本社に勤務し、中国などアジア市場での市場予測、マーケット戦略を担当。09年、ユーダイモニア マネジメント株式会社を設立。強みを活かした人材育成、リーダーシップ研修、エグゼクティブ・コーチングなどに従事している。18年、日本エンゲージメント協会を発足。ギャラップ認定ストレングスコーチ。著書に、コーチングの奥深さを描いた『シニアの品格』(小学館)などがある。

楽しくない仕事は、なぜ楽しくないのか？

2020年3月4日　第1刷発行

著者　土屋裕介　小屋一雄

発行者　長坂嘉昭

発行所　株式会社プレジデント社
〒102-8641
東京都千代田区平河町2-16-1　平河町森タワー13階
https://www.president.co.jp/
https://president.jp/

販売　桂木栄一　高橋 徹　川井田美景　森田 巌　末吉秀樹

制作　小池 哉

装丁　HOLON

編集　山下 咲　村上 敬　田原英明

印刷・製本　凸版印刷株式会社

JASRAC 出 2001000-001

ISBN978-4-8334-5150-5
Printed in Japan